Sergio Bambaren

Lieber Daniel

Sergio Bambaren, 1960 in Peru geboren, gelang mit seinem Debüt »Der träumende Delphin« ein internationaler Bestseller. Er engagiert sich ehrenamtlich für »Dolphin Aid« und in der Umweltschutzorganisation »Mundo Azul«. Auf Deutsch liegen vierzehn Bücher von ihm vor. Sergio Bambaren lebt in Lima; 2008 kam sein Sohn auf die Welt.

Zum Buch

Nach vielen Reisen und erfolgreichen Büchern wird Sergio Bambaren Vater. Die ersten Monate mit seinem Sohn erlebt er wie ein Wunder. Und auch als Sergio und seine Frau sich trennen, steht für die beiden fest: Daniel, ihren größten Schatz, wollen sie gemeinsam aufziehen. Sergio Bambaren beginnt, zärtliche Briefe an Daniel zu schreiben. Er gibt ihm auf den Weg, was ihn die Jahre gelehrt haben: immer an sich zu glauben. Andere nicht zu verletzen. Als liebender Mensch Spuren auf der Erde zu hinterlassen. Sich seinen Ängsten zu stellen. Und stets für seine Träume zu leben.

SERGIO BAMBAREN

Lieber Daniel

Briefe an meinen Sohn

Aus dem Englischen von Gaby Wurster

Mit zwölf farbigen Fotografien

Pendo München Zürich

Mehr über unsere Autoren und Bücher:
www.pendo.de

Von Sergio Bambaren liegen auf Deutsch
außerdem vor:
Der träumende Delphin
Ein Strand für meine Träume
Das weiße Segel
Der Traum des Leuchtturmwärters
Samantha
Stella – Ein Weihnachtsmärchen
Die Botschaft des Meeres
Die Zeit der Sternschnuppen
Der kleine Seestern
Die Rose von Jericho
Die Blaue Grotte
Die Bucht am Ende der Welt
Die Heimkehr des träumenden Delphins

Kontakt zum Autor:
s.bambaren@speedy.com.pe *und*
www.sbambaren.com

FSC
www.fsc.org
MIX
Papier aus verantwortungsvollen Quellen
FSC® C013736

ISBN 978-3-86612-289-5

Originaltitel: »Letters to Daniel«
Umschlaggestaltung: Birgit Kohlhaas, Egling,
mit Bildern von Sergio Bambaren (Kind),
B. Kohlhaas (Möwe); fotolia (Welle, hinten)
Gesamtherstellung: Kösel, Krugzell
Printed in Germany

Für Daniel

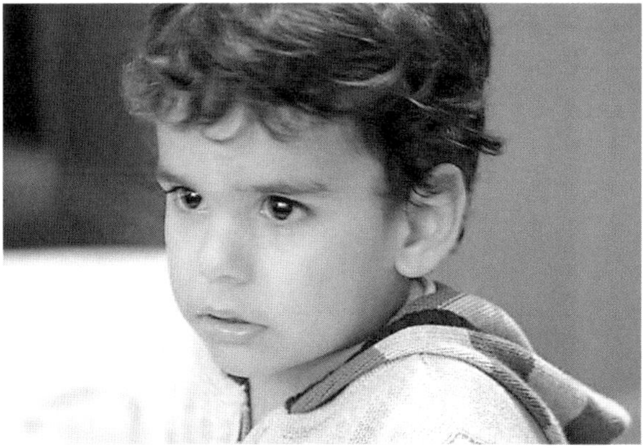

Mit Liebe und Licht
Von Deinem Vater Sergio

Das Leben ist kurz.
Breche die Regeln,
Vergebe schnell,
Küsse lang,
Liebe ehrlich,
Lache unkontrolliert …
Und bedaure nie etwas,
Was Dich zum Lächeln gebracht hat
Oder zum Weinen.

Vorwort

Drei Jahre verbrachte ich fast ausschließlich mit der Verwirklichung eines Traums: der Verfilmung meines ersten Buches *Der träumende Delphin*.

Doch während dieser computeranimierte Film entstand, geschah etwas weitaus Wichtigeres – das Leben machte mir das wundervollste Geschenk, von dem ein Mann nur träumen kann: einen Sohn.

Ich sage ja immer: Die Wege des Lebens sind unergründlich, aber wunderbar!

Alles begann mit einem Anruf von meinen deutschen Freunden Lillian, Thomas und Joachim, alle drei Profis in der Filmbranche. Über meine Literaturagentin erwarben sie die Filmrechte für das Buch, das ich über zehn Jahre zuvor geschrieben hatte. Natürlich willigte ich ein! Sollte mein Traum, das Buch verfilmt zu sehen, womöglich wahr werden?

Damals spielte ich bereits mit dem Gedanken, wieder in mein Geburtsland Peru und zu meinen Wurzeln zurückzukehren, in ein Land, in dem die Animationstechnik gerade zu boomen begann. So mietete ich eine Wohnung mit einer phantastischen Aussicht aufs Meer – nur zehn Häuserblocks von dort entfernt, wo ich vor langer Zeit geboren wurde … Fast täglich konnte ich von meinem

Balkon aus Delfine beobachten, und nachts schlief ich mit der Melodie der Brandung ein – der ideale Ort, wo ich zu Papier bringen konnte, was meine Seele meinem Herzen zuflüsterte. Außerdem verliebte ich mich zu der Zeit in eine wunderschöne Frau: Deborah.

Nachdem ich mich mit Deborah an meinem Geburtsort eingerichtet hatte, begann ich die Animationsstudios zu erkunden. Ich war wirklich begeistert von der Kreativität meiner Landsleute. Nur eines fehlte: Diese Künstler besaßen nicht das nötige Handwerkszeug, denn Software und Hardware waren hier nicht auf dem Stand der Technik, den man in entwickelten Industrienationen vorfindet.

Eines Tages rief mich ein Studioleiter an, den ich bereits kennengelernt hatte, und wir beratschlagten mehrere Stunden lang. Ich kalkulierte und fand Investoren, die an dem Projekt interessiert waren. Wir kontaktierten die besten Leute, die wir finden konnten – nicht nur Künstler, auch andere wunderbare Menschen –, und beschlossen, ausgehend von dem Material, das meine Freunde aus Deutschland bereits ausgearbeitet hatten, das Projekt voranzutreiben. Lillian, Thomas und Joachim wurden Mitgesellschafter, und wir machten uns mit fünfzig hochmodernen Rechnern an die Arbeit – normalerweise stehen in großen Studios drei- oder viertausend Computer zur Verfügung …

David gegen Goliath.

Warum nicht?

Die Stimme meines Herzens flüsterte mir etwas zu, das ich in dem grandiosen Film *Feld der Träume*, in dem

Kevin Costner die Hauptrolle spielt, gehört hatte: »Wenn du es baust, wird er kommen.«

Und so sagte ich zu meinen Kollegen in guten wie in schlechten Momenten immer wieder: »Gebt euer Bestes, liebt eure Arbeit, widmet euch mit Leidenschaft euren Aufgaben – alles Übrige kommt dann von selbst.«

Dem »Dreamer's Club«, wie wir uns nannten, stellte ich lediglich eine Bedingung: Meine Arbeit sollte allenfalls darin bestehen, dafür zu sorgen, dass die Botschaft und die Seele des Buches in dem Film ganz klar zum Ausdruck kommen. Es sollte ein Film werden, der den Menschen hilft, wieder auf ihre Träume zu achten, und der ihnen deutlich macht, dass die wichtigsten Dinge im Leben für das Auge nicht sichtbar sind.

Doch das Leben hatte andere Pläne mit mir. Ohne dass ich es wollte, wurde ich schließlich Produzent des Films ...

Und wie ich eingangs erwähnte, kam mein Sohn auf die Welt und bescherte mir eine unvergleichliche neue Erfahrung.

Als Deborah mir damals sagte, dass sie schwanger sei, stand ich erst einmal unter Schock. Auch am nächsten Tag konnte ich noch nicht reden. Doch als ich am Morgen des dritten Tages aufwachte, war ich ein überglücklicher Mann, der seinen inneren Frieden wiedergefunden hatte.

Heute weiß ich, dass ich diese herrliche Welt ohne Reue und ohne Bitterkeit genießen kann. Was dieses wundervolle kleine Geschöpf mit meinem Herzen macht, ist einfach unbeschreiblich! Wenn mein Sohn mich ansieht, meine ich, mich selbst zu sehen. Jeden Tag erwacht er mit einem Lächeln, und hin und wieder drückt er seine kleinen Handflächen und seine Nase an die große Glasscheibe vor dem Balkon und blickt stundenlang aufs Meer hinaus.

Er ist der Grund für diese Geschichte und für dieses Buch: über Episoden meines Lebens – und darüber, wie ich, ein einfacher, bescheidener Mensch, auf meiner Lebensreise so viele wichtige Dinge gelernt habe, indem ich den weniger begangenen Weg eingeschlagen habe.

Meine Mutter hatte die Angewohnheit, ihre Herzensgedanken auf kleine Zettel zu schreiben und sie in mein Bett zu legen; und wenn ich am Morgen die Augen aufschlug, konnte ich sie lesen. Ihre Sicht der Welt und das Gefühl ihres Herzens machten mich mit dem Leben vertraut.

Nun will ich mein Bestes geben, auch Dir, mein geliebter Daniel, so ein Geschenk zu machen.

Versprochen.

Briefe an Daniel …

… und wie ich hier auf Erden mein Glück fand …

Hallo Daniel,

ich bin Sergio, der Mann, den man Deinen Vater nennt – zumindest in der Welt, in der wir leben.
Ich sehe das so, Daniel: Ich bin der Mensch, der den Samen des Lebens in den Bauch Deiner schönen Mutter gelegt hat. Nachdem Du das nun weißt, bin ich für Dich ganz einfach Sergio. Aber wenn Du mich Vater nennen willst, ist mir das auch recht.
Daniel, Du sollst wissen, dass ich früher nie daran dachte, Kinder zu haben. Ich glaubte, dass läge nicht in meinen Genen. Doch nach all den Jahren, die verstrichen sind und die mir so vieles geschenkt haben, ohne je eine Gegenleistung von mir zu fordern, sah ich auf einmal all diese kleinen Menschen um mich herumtoben – und komisch, ja, in meinem Herzen änderte sich etwas ganz tief greifend. Seitdem fühle ich mich Kindern auf ganz besondere Weise verbunden. Vielleicht wegen ihrer Unschuld; vielleicht weil ich sie dafür bewundere, dass sie mit den einfachen Dingen des Lebens so glücklich sind. Tag für Tag erleben sie das Leben als ein neues Abenteuer, ohne sich darum zu sorgen, was die Zukunft bringen mag. Sie genießen einfach den Moment, als gäbe es kein Morgen, sie leben im Hier und Jetzt. So wie Du, Daniel.

Ja, mein geliebtes Kind, ich staune noch immer, wie viel tolles Spielzeug Du hast, wie viele »modische« Kleider – alles, was sich ein Erwachsener nur wünschen kann. Dennoch ist Dein Lieblingsspielzeug eine leere Flasche Babyshampoo. Du könntest gut ohne all die Sachen leben, die sich in Deinem Zimmer stapeln. Doch wehe, jemand würde versuchen, Dir Deine Shampooflasche wegzunehmen …! Sie ist Dein gehüteter Schatz.
Oskar, unser kleiner Scotchterrier, der mit der Zeit einer Deiner besten Freunde geworden ist, hat auch so einen Schatz. Vor ein paar Jahren saß ich am Strand und sah aufs Meer hinaus. Ich fand einen schönen Kieselstein, nahm ihn mit nach Hause und gab ihn Oskar zum Spielen. Seit diesem Tag ließ er seine Kauknochen und das andere Spielzeug, das wir ihm gegeben hatten, links liegen – nur den Kieselstein nimmt er mit in seine Hundehütte. Er hütet ihn wie einen Schatz. So wie Du Deine leere Plastikflasche.
Vielleicht weißt Du es noch nicht, Daniel – aber so wie Du mich manchmal ansiehst, denke ich, Du spürst bestimmt, dass Du einer der wundervollsten Schätze bist, die das Leben mir geschenkt hat. Nicht weil Du immer mit einem Lächeln erwachst – so wie ich, als ich in Deinem Alter war. Nicht weil Du angefangen hast zu laufen oder weil Du alles in Deiner Umgebung erkunden willst. Du bist so neugierig! So war ich auch, als ich so alt war wie Du jetzt … . Nein, ich denke, Du bist mein Teuerstes und Liebstes, weil Du ganz tief in meinem Herzen das Kind geweckt hast, das ich einmal war und immer bleiben werde, egal, wie alt ich bin. Du hast

mich zurück zu meinen Wurzeln geführt, Daniel, zu dem fünfjährigen Jungen, der in seinem Heimatort immer hoch oben auf den Klippen saß und einfach nur das Meer, die Wellen, die Möwen und Delfine beobachtete und sich bei Sonnenuntergang an den Wolken erfreute, wenn sich der Himmel mit einer ganzen Palette wunderschöner Farben überzog. Damals kannte ich das Wort Angst noch nicht.

Meine Briefe an Dich kommen von tiefstem Herzen, Daniel, Briefe eines erwachsenen Kindes an ein anderes Kind, das gerade angefangen hat, mit großen Augen in die Welt zu blicken. Sie sollen ein kleines Geschenk sein, geschrieben mit tiefer Liebe. Mit einer Liebe, wie ich sie nie zuvor gefühlt habe, so rein und einzigartig, dass es ein Sakrileg wäre, würde ich versuchen, sie in Worte zu fassen.

Auf diesen Seiten möchte ich Dir Dinge sagen, die ich noch nie jemandem erzählt habe, denn ich weiß: Du wirst nicht über mich urteilen. Vielleicht wird Dich mein Leben, so wie ich es gelebt habe und noch immer lebe, irgendwie immer daran erinnern, woher Du kommst, und Dir eine Antwort darauf geben, warum Du nun auf dieser Welt bist. Früher oder später wird das Leben und die Gesellschaft, in der wir leben, alles komplizierter machen, und manchmal wirst Du Dich sicherlich verloren darin fühlen. Sollte das eines Tages eintreten, dann hoffe ich, Du kommst zu mir und wir reden darüber – von großem Kind zu kleinem Kind. Vielleicht kann es Dir – und auch mir – helfen, wieder klarer zu sehen. Und wenn irgendwann für mich die Zeit gekommen ist, diese Erde zu verlassen, dann können Dir diese Worte, die ich für alle Zeiten für Dich niedergeschrieben habe, helfen zu begreifen, dass diese Reise, die man Leben nennt, mit all ihren guten und schlechten Erfahrungen ein tolles Abenteuer ist, wenn Du es so lebst, wie ich es getan habe: indem Du auf die Stimme Deines Herzens hörst; indem Du Dir Deinen eigenen Weg bahnst, anstatt anderen zu folgen; indem Du jeden Tag in vollen Zügen genießt. Das Einzige, was Dir wirklich gehört, Daniel, sind Deine Träume und Dein freier Wille, Dein Leben nach Deiner Fasson zu gestalten. Alles andere ist nur geliehen. Wahrscheinlich ist das die wichtigste Lektion, die ich bislang gelernt habe, und eines der wichtigsten Gepäckstücke auf der Reise ins

Glück – jedenfalls in meinen Augen. Ich würde mir auch wünschen, dass diese Briefe Dir helfen zu verstehen, wer ich tief in meinem Inneren bin und warum ich mein Leben auf meine Weise gelebt habe.
Aber so weit, so gut erst einmal, ja? Es gibt so vieles, was ich mit Dir teilen möchte – bis zu diesem großen Tag, wenn Du flügge sein und auf Deinen eigenen Schwingen aus dem Nest fliegen wirst.
Nur noch eins, Daniel: Vergiss nie, dass meine Liebe für Dich wie der Wind ist – Du kannst sie nicht sehen, nicht berühren, aber Du wirst sie immer spüren, egal, wo Du bist oder wo ich gerade bin.

In Liebe
Dein Sergio

I

Geboren wurde ich in der Clínica Americana in Lima, einer Privatklinik, wo mein Vater die psychiatrische Abteilung leitete. Ich erinnere mich noch ganz genau an den Tag meiner Geburt – natürlich sagten mir später viele Leute, dass das gar nicht sein könne, dass ich das alles nur erfinden würde oder erzählt bekommen hätte. Doch im Lauf der Jahre wurde mir klar, dass das Wort *unmöglich* nur in den Köpfen derer existiert, die Begriffen wie *unmöglich, Neid, Hass, Groll* oder *Gier* dort eine Heimat geben. Ich kann nur für mich selbst sprechen, und wenn ich die Augen schließe, erkenne ich das Wörterbuch meines Verstandes und meines Herzens und sehe, dass ich mit der Zeit und mit ein wenig Übung diese Wörter, die ein Hindernis auf der Reise zum Glück sind, ausradieren konnte.

Allen, die meinen, es sei unmöglich, sich an seine eigene Geburt zu erinnern, möchte ich Folgendes erzählen: Mein Vater und der Arzt, die bei der Geburt dabei waren, sagten mir einmal, sie hätten sich beide gewundert, wie wach ich sie angeblickt hätte, nachdem sie mich gewaschen, beruhigt und in eine Klinikdecke eingewickelt hatten. Nach dem ersten Schreck, aus der warmen, wogenden, mit Wasser gefüllten Höhle, in der ich mich so sicher gefühlt hatte, herausgespült worden zu sein, hörte ich auf zu weinen und gähnte. Dann schlug ich die Augen wieder auf und sah dieses wunderschöne Gesicht, dessen Augen mich voller unbeschreiblicher Liebe anblickten, und ich lächelte zurück. Es war das Gesicht meiner Mutter. Ich schlief ein, weil ich wusste, dass ich nur von einem schönen Ort an einen anderen schönen Ort gebracht worden war – aus dem Bauch meiner Mutter in ihre zärtlichen Arme. Ich hatte ein Lächeln auf den Lippen, denn ich war sicher, dass alles in Ordnung ist. Daran erinnere ich mich.

Meine Familie gehörte der oberen Mittelschicht Perus an. Wir wohnten in einem großen alten Haus im Limaer Stadtteil Miraflores – auf den fünfzig Meter hohen Klippen mit Blick auf das Meer und den weiten Horizont. Ich hatte ein kleines Zimmer im Obergeschoss mit einem Rundbogenfenster und einer Veranda, wo ich sitzen, den Duft des Meeres einatmen und zusehen konnte, wie sich unten in der Brandung die Wellen brachen. Hin und wieder kam eine Möwe zu mir und sagte mir guten Tag.

So begann meine Beziehung zur Welt und zur Natur, umgeben vom Meer und den Möwen, von einem fürsorglichen Vater, einem älteren Bruder und einer liebenden Mutter. Von ihr habe ich die meisten positiven Veranlagungen geerbt: Sensibilität, ein großes Herz, die Liebe zum Leben und zu den kleinen, einfachen Dingen, die aus unserem Dasein eine so wunderbare Reise machen. Aber bekanntlich ist nichts vollkommen, und später sollte ich herausfinden, dass ich auch ein medizinisches Problem von ihr mit auf den Weg bekommen habe, mit dem ich heute aber dank der Entwicklung neuartiger Medikamente leben kann: Depressionen.

Von meinem Vater habe ich Einfühlsamkeit und eine kritische Sicht der Welt geerbt; das kann ich in aller Bescheidenheit sagen. Er hat eine ganz besondere Beziehung zu seinen Patienten, er ist ein »richtiger« Doktor, der sich immer sehr intensiv um die Menschen kümmert und seine Dienste nur denen in Rechnung stellt, die auch bezahlen können. Die anderen werden umsonst behandelt. Er ist der geborene Arzt – und noch sehr viel mehr. Ich habe die Zuneigung in den Augen seiner Patienten selbst gesehen, er versetzt sich in sie hinein und sorgt dafür, dass es ihnen nicht nur körperlich, sondern auch seelisch besser geht. Wann immer ein Patient seine Hilfe braucht, ist er zur Stelle – auch um drei Uhr nachts würde er sich anziehen, in die Klinik oder zu dem Patienten nach Hause fahren und auf eine Weise helfen, wie nur er es kann und versteht. Er ist ein Mann mit Prinzipien, und ich werde ihm immer dankbar sein, dass er mir beigebracht hat, nach diesen Prinzipien zu leben. Doch es ist eben nichts vollkommen, und so habe ich von ihm eine Alkoholintoleranz geerbt. Doch zum Glück haben wir beide irgendwann gelernt, damit umzugehen, indem wir einfach keinen Alkohol mehr trinken.

So bin ich also aufgewachsen. Ich hatte einen tollen Vater, eine wundervolle Mutter und einen Bruder, der ein Jahr älter ist als ich. Wir balgten uns Tag und Nacht wie alle Brüder, aber er war immer für mich da und beschützte mich, wenn mir jemand etwas antun wollte. Auch heute noch würde er jederzeit für mich einstehen.

Leider hatte ich nicht das Glück, meine Großeltern kennenzulernen, außer meinen Großvater väterlicherseits. Er war ein sehr kluger Psychiater, der immer ein liebendes Lächeln für seine Enkel hatte. Er vermittelte mir mit sieben Jahren meinen ersten Job und brachte mir bei, dass harte Arbeit nicht nur ein rechtschaffener Weg ist, seinen Lebensunterhalt zu verdienen, sondern dass sie auch Körper und Geist gesund hält.

Ich dachte, das Leben würde immer so einfach bleiben. Damals wusste ich noch nicht, dass sich von einem Tag auf den anderen alles ändern kann und dass sich auch die Menschen mit der Zeit verändern.

Doch solange ich auf das weite Meer blicken und mit den Möwen und dem Wind sprechen konnte, war ich ein glückliches Kind.

Hallo Daniel,

mir kommt es so vor, als wäre es erst gestern gewesen, dass Du geboren wurdest! Wie rasch doch die Zeit vergeht!
Es war wirklich ein beeindruckendes Erlebnis, Dich auf diese Welt kommen zu sehen, Daniel. Zum Glück verlief Deine Geburt ohne jede Komplikation. Doch als Du Deinen ersten Atemzug getan und angefangen hast zu schreien, fiel mir etwas auf: Ich spürte, dass Du nicht geweint hast, weil Neugeborene das nun mal tun, sondern weil man Dich aus einem schönen, sicheren Ort vertrieben hatte, der in Deinen ersten neun Monaten Deine Heimat gewesen war: aus dem warmen, weichen Bauch Deiner Mutter, wo nichts Deinem Herzen und Deiner Seele etwas anhaben konnte, wo Du Ruhe und Frieden empfandest. Es tat mir ein bisschen leid für Dich. Vielleicht wolltest Du ja noch weitere neun Monate dort bleiben, um Dich auf die Welt da draußen besser vorzubereiten. Aber die Natur weiß, was sie tut, und alles geschieht dann, wenn die Zeit dafür reif ist.
Schon mit einem Jahr konntest Du laufen. Du wolltest alles entdecken! Und manchmal warst Du so aufgeregt, dass Du über Deine eigenen, noch so zarten Beinchen stolpertest und auf die Nase fielst. Alle sagten, wir sollten aufpassen, dass Du nicht hinfällst. Aber ich

erwiderte immer: »Lasst ihn doch, das ist normal.« Und jeder Erwachsene weiß, dass das Hinfallen an sich Dir nichts ausmacht, Daniel, solange Dich niemand dabei sieht. Wenn Du hinfällst und Dich niemand sieht, weinst Du auch nicht. Dann stützt Du Dich auf Deine kleinen Hände und rappelst Dich gleich wieder auf. Du kommst immer wieder auf die Beine, und dann erstrahlt ein Lächeln in Deinem Gesicht.

Ich sehe Dir gern dabei zu, Daniel, wie Du hinfällst und von ganz allein wieder aufstehst. Denn diese Schritte, die Du nun unternimmst, mögen den anderen winzig vorkommen, aber für Dich sind sie von enormer Bedeutung. Es wird irgendwann im Leben eine Zeit kommen, Daniel, in der Du straucheln und Dich alleingelassen fühlen magst. Aber solange Du jeden Morgen mit diesem wunderbaren Lächeln erwachst und solange Du Dich nicht schämst, wenn Du stolperst, wenn Du Fehler machst und Deine Lektion lernen musst, solange wirst Du auch Dein eigenes Leben leben, frei von Vorurteilen und ohne Rücksicht darauf, was andere denken oder sagen.

Ich weiß, dass Du das kannst. Es liegt in Deiner Veranlagung, in Deinen dunklen Augen und in Deinem Herzen.

Dein Vater Sergio

II

Ich hatte eine wunderschöne Kindheit. Nicht nur zu Hause, sondern auch mit meinen Freunden aus der Nachbarschaft und später mit denen aus der Schule. Ich hatte das Glück, das Markham College besuchen zu dürfen, damals und heute eine sehr angesehene britische Schule.

Ich erinnere mich noch an meinen ersten Tag im Kindergarten. Meine Mutter brachte mich hin, ich trug eine Spielschürze. Plötzlich war ich von vielen Kindern umgeben, die sich wie ich an die Hand ihrer Mutter klammerten. Und ich erinnere mich auch noch, dass viele weinten. Für manch eine Mutter war die Vorstellung schlimm, ihr Kind bei Miss Martin zu lassen, einer netten jungen Australierin. Einige Kinder heulten, weil sie bei der Mutter bleiben wollten. Doch irgendwann gingen die meisten Mütter, andere stellten sich draußen heimlich ans Fenster, betrachteten ihre Lieben und waren stolz darauf, sie an einem sicheren Ort zu wissen, wo sie viele wichtige Dinge fürs Leben lernen würden.

Ich hingegen war so fasziniert von der neuen Umgebung, dass ich gar nicht bemerkte, wie meine Mutter ging. Vor dem Zimmer blieb sie noch einmal stehen und beobachtete mich vorsichtig – sie dachte, ich würde sie nicht sehen. Und tatsächlich war ich ganz auf die hübsche Brosche konzentriert, die Miss Martin trug, sie glänzte wie ein Goldschatz. Miss Martin sah, wie fasziniert ich war, sie kam zu mir, gab mir einen Kuss, entfernte die Brosche vorsichtig von ihrer Bluse und steckte sie mir an die Schürze. »Die ist für dich«, sagte sie lächelnd. Dann gab sie mir noch einen Kuss und ging zurück zu ihrem Pult. Wir hatten unsere erste »Stunde«, das war wirklich toll. Um uns die Aufregung zu nehmen, spielte sie Musik auf einem alten Kassettenrekorder und sagte: »Lasst uns tanzen!« Sofort sprangen wir auf und tanzten, wenn man das so nennen kann … Ich würde es vielmehr als Auf- und Abhüpfen bezeichnen, bei dem wir uns langsam gegenseitig in unserer neuen Umgebung kennenlernen konnten.

Doch während ich wie alle anderen umhersprang, musste ich unablässig auf die Brosche an meiner Schürze starren. Als meine Mutter mich später abholte, erklärte sie mir, dass die Brosche ein Känguru darstellte – ein Tier, das ich noch nie zuvor gesehen hatte.

War das ein Omen?

Ich hatte damals noch keine Ahnung. Heute, über vierzig Jahre später, weiß ich, dass es tatsächlich ein Vorbote dessen war, was kommen sollte. Doch dazu musste ich mein Leben auf meine Weise leben, musste meinem Herzen und meinen Träumen folgen. Und in harten Zeiten musste ich schwere Entscheidungen treffen: Ich durfte nicht auf die Menge hören, sondern nur auf die Stimme meines Herzens.

Lieber Daniel,

ich weiß noch genau, wie ich Dich zum ersten Mal von der Krabbelgruppe abholte, in der Du in der Obhut liebevoller Betreuer Freunde finden und die Welt erkunden wirst.
Ehrlich gesagt hatte ich ein wenig Angst. Schließlich weiß niemand von vornherein, wie man sich als Vater oder Mutter richtig verhält. Das lernt man durch Ausprobieren und durch Fehler. Als Kind denkt man immer, Eltern und Lehrer hätten auf alles eine Antwort, und man fühlt sich bei ihnen geborgen. Doch nichts wäre weiter von der Wahrheit entfernt, Daniel: Erwachsene werden immer unsicherer, je älter sie werden.
Doch eines kann ich Dir mit Sicherheit sagen: Zur Schule gehen, mit anderen Kindern spielen, Spaß haben und Freundschaften schließen, die vielleicht ein Leben lang halten – das sind Erinnerungen, die man zeitlebens hütet wie einen Schatz.
Ich weiß, dass Du irgendwann einmal zu müde oder zu faul sein wirst, Hausaufgaben zu machen. Vielleicht gerätst Du auch in eine Rangelei mit einem anderen Jungen. Oder Du wirst versuchen uns auszutricksen, indem Du sagst: »Ich bin krank«, nur weil Du nicht zur Schule gehen willst. Kann sein. Ich habe mir zu diesem Zweck vor dem Schlafengehen immer eine Bananen-

schale unter den Arm geklemmt, und am nächsten Morgen hatte ich hohes Fieber. Das hat immer geklappt – bis mein Vater, der ja schließlich ein guter Arzt war, meinen Trick durchschaute. Und von da an gab es bei uns keine Bananen mehr …
Ich bin mir ganz sicher, Daniel, dass Deine Schulfreunde Dich Dein ganzes Leben lang begleiten werden. Während Ihr Tag für Tag, Woche für Woche, Jahr für Jahr so viel Zeit zusammen verbringt, lernt Ihr Euch so gut kennen, dass Ihr Euch immer aneinander erinnern werdet. Wenn Du älter wirst und die Welt kompliziert wird, wirst Du Dich freuen, Deine alten Schulfreunde wiederzusehen und Dich gemeinsam mit ihnen an die schönen Jahre zu erinnern. Das wird Dir helfen, Dich von den Mühen des Alltags abzulenken.

Also genieße Deine wundervolle Kindheit, Daniel. Sei nicht gemein zu anderen Kindern. Ohne es zu wollen, fügt man einem Kind manchmal Verletzungen zu, die viele Jahre brauchen, um zu heilen. Ich meine damit nicht körperliche Wunden, sondern seelische Verletzungen. Sie tun am meisten weh und heilen nur schwer. Glaub mir, Daniel, ich würde alles darum geben, nur einen einzigen Tag wieder Kind sein und mit meinen Freunden von damals zusammen sein zu können. Genieße Deine Kindheit und Jugend, Daniel, Du wirst ein Leben lang von diesen Jahren zehren.

In Liebe
Sergio

III

Ich hatte das große Glück, dass die meisten meiner besten Schulfreunde in der Nachbarschaft wohnten. Wir konnten uns also jederzeit problemlos sehen. Manchmal trafen wir uns, um einfach nur Radio zu hören. Oder wir kletterten auf einen der imposanten Bäume, dort saßen wir dann alle auf den Ästen und redeten, lasen Zeitschriften und genossen unser Zusammensein. Wir wuchsen in Geborgenheit heran. Das Markham College war damals eine reine Jungenschule, die Schwestern meiner Freunde gingen überwiegend in die San Silvestre School, eine britische Privatschule für Mädchen. So wurden wir später, als Jugendliche, eine Clique von zwanzig Jungen und Mädchen. Wir unternahmen alles zusammen: Es waren die besten Freunde, die ich je hatte und haben werde.

Mit den Mädchen entdeckten wir die erste jugendliche Verliebtheit. Wir starrten ein Mädchen an, und sobald es sich umdrehte, wendeten wir sofort den Blick ab! Diese unschuldigen Annäherungsversuche waren so aufregend, dass sie uns den Schlaf raubten, denn jeder fragte sich: »Empfindet sie wohl das Gleiche für mich?«

Da wir am Meer lebten, beschlossen wir eines Tages, die Strände unterhalb der Klippen zu erkunden. Man konnte über die kleinen Kieselsteine am Ufer spazieren und auf die tosende Brandung hinaussehen. Der einzige Weg hinunter zum Strand führte damals, in den Sechzigerjahren, über Trampelpfade. Benutzt wurden sie nur von wettergegerbten Fischern, die dem Meer ein kärgliches Auskommen abtrotzten.

Doch neben den wenigen Fischern waren da noch ein paar verrückte Jungen, die dort draußen auf dem Meer, wo die Wellen sich brachen, auf einem langen Holzbrett saßen. Plötzlich drehte einer von ihnen sein Brett und paddelte Richtung Strand, bis er dieselbe Geschwindigkeit hatte wie die Welle, die er einzuholen versuchte. Und als er spürte, dass das Brett mit der Welle schwamm, stand er auf, drehte das Brett parallel zur Welle und glitt über die Wasserwand, kurz bevor die Welle sich überschlug. Ich war wie verzaubert. Es wirkte auf mich so natürlich, so frei, so absolut richtig …

An diesem Tag schworen wir uns – meine treuen Freunde und ich – nach der Schule arbeiten zu gehen, bis wir genug Geld gespart hätten, um uns selbst so ein Brett kaufen zu können, das man damals »Hawaiian Surfboard« nannte.

Geliebter Daniel,

Jungsein ist weniger ein Abschnitt im Leben als vielmehr eine Gefühlslage. Es bedeutet Willensstärke, Phantasie, eine temperamentvolle Gefühlswelt und unbändige Lebensfreude.
Jungsein heißt, dass man auch mit den Jahren seinen Träumen und Sehnsüchten treu bleibt, anstatt sie verblassen zu lassen und sich in seinem Kokon zu verstecken. Jungsein heißt, nie das Streben nach Erfüllung aufzugeben und dafür das leichte Leben zu wählen. Diese Versuchung wird Dich unausweichlich einholen, wenn Du älter wirst. Wobei Älterwerden nichts mit den Lebensjahren und der Tiefe der Falten im Gesicht zu tun hat – alt wird man dann, wenn man anfängt, seine Träume zu vergessen. Ich kenne sechzigjährige Männer, die jünger aussehen als manch ein Zwanzigjähriger.
Die Jahre mögen Deine Haut faltig werden lassen wie meine, Daniel. Aber solange Deine Seele keine Falten bekommt, wirst Du immer lebendig sein. Hüte Dich vor Empfindungen wie Angst, Wut, Verbitterung und Hass. Sie sind Deine persönlichen Feinde, die Dir Deine Energie und Lebensfreude rauben wollen.
Mich hat meine unendliche Liebe zum Meer jung gehalten und meine Bereitschaft, Umwege zu machen. »Der Weg lief auseinander und ich – ich schlug den einen ein,

den weniger begangenen, und dies war der ganze Unterschied.« So ist das, Daniel. Ich wollte alles in vollen Zügen erleben, aber ich eilte nicht durch die Welt. Ich blieb auch mal stehen, um an einer Rose zu riechen. Ich ließ nie von meinen Träumen ab und hörte immer auf die Stimme meines Herzens, denn sie ist unsere Freundin fürs Leben.
Ich möchte Dir gern ein Geheimnis anvertrauen, Daniel. Nicht die Anzahl der Lebensjahre ist wichtig, sondern wie Du mit Deiner Zeit umgehst; ob Du innehältst und den Sonnenuntergang betrachtest oder einen Kolibri bestaunst, anstatt Tag für Tag nur zur Arbeit und wieder nach Hause zu fahren und nur den Asphalt vor Dir zu

sehen; ob Du hin und wieder die Regeln brichst, anstatt den Ängsten nachzugeben, die nur in Deinem Kopf existieren.
Irgendwann musst Du Dich also entscheiden, Daniel, ob Du Dein Leben nach Deinen eigenen Bedürfnissen lebst und einen Weg einschlägst, der manchmal sehr einsam sein kann. Oder ob Du mit dem Strom schwimmst, wo Du Dich inmitten der vielen Menschen sicher fühlen magst. Aber diese Sicherheit ist nicht von Dauer, denn früher oder später kommt der Tag, an dem sich jeder Mensch im Spiegel seiner Seele betrachten muss. Und glaub mir, dies ist dann der glücklichste oder aber der traurigste Tag im Leben.
Du bist mit einem freien Willen geboren, Daniel, vergiss das nicht. Ich bin in meinem Leben immer nur meinen Träumen gefolgt und habe nie zurückgeblickt. Nie.
Versuche immer, die Welt mit Deinen eigenen Augen zu sehen, Daniel, niemals mit den Augen der anderen.

In tiefer Liebe
Sergio

IV

Dank meinen Eltern und meiner eigenen Erfahrungen lernte ich, mein Leben nach Prinzipien auszurichten und nicht nach Traditionen.

Rückblickend fühle ich mich gesegnet, dass meine Eltern mir Prinzipien vermittelt haben, nach denen ich mich größtenteils noch heute richte: Man soll nicht über seine finanziellen Verhältnisse leben und immer versuchen, das Richtige zu tun; wenn man einen Fehler macht, muss man so aufrichtig sein, ihn auch einzugestehen, und sich gegebenenfalls dafür entschuldigen – dann kann man seinen Weg weitergehen; angenommen, man verdient hundert Dollar, dann soll man so leben, als hätte man nur achtzig, und sich anderen gegenüber so verhalten, als hätte man nur fünfzig; wer ein Problem hat, das sich mit Geld lösen lässt, der hat gar kein Problem; der größte Reichtum ist grundsätzlich Gesundheit und Seelenfrieden.

Doch am dankbarsten bin ich meinen Eltern, dass sie mir schon als Kind den Wert einer Sache klargemacht und mir gezeigt haben, dass man sich anstrengen muss, wenn man etwas erreichen will. Und damit komme ich wieder auf meinen größten Kindheitstraum zurück: das »Hawaiian Surfboard«. Mein Vater hätte mir ohne Weiteres das beste Brett kaufen können, das es damals gab. Stattdessen aber schlug er mir einen Deal vor: »Ich besorge dir einen Job, den du nach der Schule machen kannst. Das verdiente Geld sparst du, und wenn du eine bestimmte Summe zusammenhast, lege ich den Rest obendrauf. Dann gehen wir zusammen dein Traumboard kaufen.«

Seit dem »Geheimpakt« zwischen meinem Vater und mir sind viele Jahre vergangen. Meiner Mutter sagten wir damals kein Wort – sie wäre krank geworden vor Angst und hätte sich all die Gefahren ausgemalt, denen ich, mitunter ganz allein, in der Brandung ausgesetzt sein würde. Schließlich war ich damals erst sieben Jahre alt. Aber nichts konnte mich aufhalten. Durch wogende Wände smaragdgrünen Wassers zu gleiten hatte mich in Bann geschlagen. Also begann ich, für meinen Traum zu arbeiten. Ich musste Opfer bringen, denn ich konnte nicht mehr so oft mit meinen Freunden auf dem alten, erhabenen Baum sitzen. Von meinem Taschengeld kaufte ich mir ab und zu eine Surfzeitschrift, aus der ich nach jedem Arbeitstag vorsichtig eine Seite ausschnitt und in meinem Zimmer an die Wand hängte – an meine »Traumwand«. Berühmte Surfer, die in allen möglichen Teilen der Welt die Wellen ritten, blickten mich jeden Abend vor dem Schlafengehen von den Wänden herab an, wenn ich müde, aber glücklich nach der Arbeit in einer Eisenwarenhandlung in mein Zimmer kam. Das Geschäft gehörte einem Freund meines Großvaters, ich musste Ordnung im Laden halten, die Fenster putzen und den Boden wischen.

Der Sommer verging. Nach drei Monaten anstrengender Arbeit fand ich, dass ich ausreichend Geld gespart hatte und meinen Vater um die Einlösung seines Teils der

Abmachung bitten konnte. Ich erinnere mich noch an sein Lächeln, als ich ihm den Großteil der Summe gab, die ich verdient hatte – das Lächeln eines Vaters, der stolz ist auf seinen Sohn. »Vertrag erfüllt!«, sagte er. »Nächste Woche kaufen wir das Surfbrett, das du haben willst und für das du so hart gearbeitet hast.«

Eine Woche später – die mir wie eine Ewigkeit vorkam – fuhren wir in seinem blauen Peugeot zu dem damals einzigen Geschäft für Surfzubehör in der Stadt.

In diesem Moment hätte ich mir nicht träumen lassen, dass ich fünfundzwanzig Jahre später dreimal um die Welt gereist sein und alle Surfparadiese kennengelernt haben würde, die mich an meiner »Traumwand« zum Träumen gebracht hatten – und noch viele mehr ...

Lieber Daniel,

ich war immer ein Optimist.
Allein auf meinem geliebten Meer fand ich die Antworten auf die Fragen, die mir schon immer auf der Seele brannten. Ich lernte, mit mir selbst glücklich zu sein. Manchmal brauche ich als Gesellschaft lediglich den Schein einer Kerze.
Ich versuchte, bescheiden und nach einfachen Regeln zu leben, dabei erkannte ich für mich den wahren Sinn des Lebens. Nachdem ich die unsichtbaren Mauern durchbrach, die die Gesellschaft und auch ich selbst errichtet hatten, kann ich nun mein Leben in vollen Zügen genießen, kann die Realität in ihrer nackten Reinheit und Einzigartigkeit sehen. Doch mehr noch als zu mögen, was man sieht, lernt man, es zu lieben.
Dennoch, jedes Mal wenn Du eine Tür öffnest, siehst Du nicht nur das, woran Du glaubst, sondern Du erfährst unter Umständen auch von dem Schmerz und dem Leid in dieser Welt, die nicht für alle Menschen ein schöner, lebenswerter Ort ist. Manche haben Glück, andere nicht. Warum das so ist, weiß ich nicht. Ich finde darauf keine Antwort. Vermutlich gehört es zur menschlichen Natur, dass wir dazu verdammt sind, immer wieder Fehler zu machen. Damit wir unsere Fehler, unser Versagen, aber auch unsere Errungenschaf-

ten erkennen, braucht es Geduld und Bescheidenheit, Daniel.
Doch trotz des Leids, das ich kennengelernt habe, konnte ich leben, wie ich wollte, solange ich meine besondere Beziehung zum Meer aufrechterhielt. Beim Wellenreiten, beim Tauchen oder auch nur wenn ich barfuß durch den feuchten Sand am Strand ging, schöpfte ich immer wieder neuen Mut, um weiterzumachen. Das Meer hat mir die schöne Seite des Lebens gezeigt, Daniel, und ich glaube an die schöne Seite. Nachdem ich damit auch harte Zeiten durchgestanden habe, glaube ich noch immer daran und versuche grundsätzlich, selbst aus dem Schlimmsten das Beste zu ziehen. Beachte diejenigen nicht, die Dir sagen, dass dies oder jenes unmöglich sei. Alles ist möglich. Realität ist ein Seelenzustand. Für manche Menschen sind die Wege des Lebens steiniger als für andere, und sie müssen mehr erleiden, damit ihre Träume in Erfüllung gehen und sie ihr Lebensziel erreichen. Vielleicht erlegt Gott einem jedem von uns eine andere Mission im Leben auf. Warum das so ist – auch darauf habe ich keine Antwort. Ich kann Dir nur ans Herz legen, zu versuchen Deine Ziele zu erreichen, ganz egal, wie schwer Dein Weg auch sein mag. Denn wie jeder Mensch hatte auch ich Pechsträhnen und musste Rückschläge einstecken, und das wird Dir, Daniel, wahrscheinlich genauso ergehen.
Aber ich habe etwas sehr Wichtiges gelernt: Der einzige Kampf, den man verliert, ist der, den man nicht antritt. Die Angst vor dem Unbekannten lähmt den Willen des Menschen. Ich kenne niemanden, der nicht schon ein-

mal irgendein Problem gehabt hätte, sei es finanzieller oder gesundheitlicher Natur, sei es ein Problem in der Familie, in der Ehe, eine Glaubenskrise oder Depression. Doch wenn man die Umstände akzeptiert, können Probleme auch eine Chance sein, dazuzulernen und sich weiterzuentwickeln.

Das Leben ist wie ein Eisblock, der langsam, aber sicher schmilzt. Versuche deshalb, Deine eigene Wahrheit zu erkennen, bevor er ganz geschmolzen ist, Daniel. Dann kann das Schmelzwasser seinen natürlichen Weg gehen, nämlich in echter Harmonie mit dem Universum.

Während ich das schreibe, liegt mir einzig Dein Glück am Herzen, Daniel. Dein Glück ist auch mein Glück. Im Moment bist Du mein ganzes Glück. Ich will Dir erzählen, wie ich gelebt habe, welche Fehler ich gemacht, welche Lektionen ich gelernt habe und welche Träume ich verwirklichen konnte. Lies es als eine Art Wegweiser, geschrieben von jemandem, der Dich über alles liebt.

Aber ich kann Dir versprechen, dass ich Dir niemals im Weg stehen werde, wenn Du anders leben willst, als ich es getan habe. Nie. Egal, was geschieht, ich werde Dich immer genauso lieben.

Sergio

V

Die Winter und die Sommer vergingen.

Zusammen mit meinen tollen Klassenkameraden wuchs ich heran. Fast jeden Tag gingen wir zum Wellenreiten hinaus aufs Meer. Im Winter beeilten wir uns nach Schulschluss, an die kalten, leeren Strände unterhalb der Klippen von Lima zu kommen und noch die letzten Sonnenstrahlen zu erhaschen. Manchmal zog ich allein los; in meinem Neoprenanzug ging ich barfuß die zwei Häuserblocks hinunter bis zum Klippenpfad, der an den Surfstrand Punta Roquitas führt.

Ohne zu zögern, rannte ich ins Wasser – in einer knappen Stunde würde die Dämmerung hereinbrechen. Noch heute ist das für mich die beste Zeit zum Surfen. Wenn ich mit dem Auto ankomme, machen sich alle anderen schon auf den Rückweg, weil der Wind langsam auffrischt und der Sand abkühlt.

Ich weiß nicht, ob es von Anfang an so in mir angelegt war oder ob es sich im Lauf meines Lebens ergeben hat, dass ich immer gegen den Strom schwimme, dass ich ankomme, wenn alle anderen gehen, und dass ich es vorziehe, allein zu sein anstatt in der Menge. Das war bei mir schon immer so – selbst wenn ich auf der Suche nach der perfekten Welle in ferne Länder reiste. Natürlich fand ich es im Sommer schön, mit meinen Freunden im warmen

Wasser die Wellen zu reiten, den ganzen Tag am Strand zu verbringen und manchmal mit unseren Freundinnen den Tag bei Sonnenuntergang romantisch ausklingen zu lassen, schmusend und kuschelnd, mit Küssen, wie sie nur Jugendliche erleben können. Weiche Wellen, wunderbare Freunde, Verliebtsein – das sind all die Dinge, die die Zeit unseres Lebens, die wir Jugend nennen, in ein Fest verwandeln, in eine Hommage an das Leben.

Ich war zwar gern mit meinen Freunden zusammen, wir unterhielten uns über die Wellen, rauchten unsere ersten Zigaretten (ich fing mit dem Rauchen erst an, nachdem ich im Kino den Film *Der Exorzist* gesehen hatte – ein Fehler, den ich bis zum jüngsten Tag bereuen werde!) und machten abends ein Lagerfeuer am Strand. Und trotzdem zog ich es vor, an den einsamen Wintertagen ganz für mich allein auf dem weiten Ozean zu surfen, nur in Gesellschaft der Delfine.

Tja, frag mich nicht, warum. Ich denke, es ist meine Bestimmung, ein Einzelgänger zu sein. Doch auch wenn es mich manchmal traurig macht, diese magischen Momente, wenn ich durch die salzigen Wogen gleite, mit niemandem teilen zu können, habe ich es nie bereut, diesen Weg in meinem Leben gegangen zu sein. In gewisser Weise habe ich gelernt, mit mir selbst auszukommen, und ich hätte mir nie träumen lassen, wie viele Türen diese Lebenseinstellung mir später öffnen würde.

Mit sechzehn schloss ich die Schule ab. Die Feier fand an einem Sonntagnachmittag statt, ich erinnere mich daran, als sei es erst gestern gewesen.

Der Rektor des Markham College, wo ich einige meiner schönsten Jahre verbracht hatte, hielt eine außergewöhnliche Rede. Er sagte, die Schule hätte noch nie eine bessere Referenz bekommen als unsere Klasse. Ausnahmslos alle in meiner Klasse waren mindestens ein Mal wegen Undiszipliniertheit zu ihm zitiert worden, dennoch hatten wir alle den Abschluss geschafft. Wir waren wahrlich keine Engel, und heute bereue ich auch viele Schülerstreiche. Aber wir waren eben Kinder, und wir machten Unsinn wie alle in diesem Alter. Im Grunde jedoch haben wir es nie böse gemeint.

Damals hatten sich meine Eltern bereits getrennt. Anfangs fürchtete ich, ich könnte sehr darunter leiden. Aber letztlich war es mir lieber, jeder der beiden konnte glücklich und zufrieden sein eigenes Leben leben, als dass sie sich die ganze Zeit stritten. Mein Bruder und ich lasteten es natürlich zunächst meinem Vater an, dass er uns verlassen hatte. Doch mit den Jahren und durch meine eigenen Erfahrungen wurde mir klar, dass zu einer Partnerschaft immer zwei gehören und dass man – egal, wie viel man zu wissen glaubt – nie sagen kann, wer schuld daran ist und wer nicht, wenn etwas schiefläuft. Wir alle machen Fehler, das gehört zum Leben, doch wenn eine Beziehung zwischen zwei Menschen nicht mehr funktioniert, kennen nur diese beiden den wahren Grund. Auch wenn man selbst solche Auseinandersetzungen miterlebt, kann man nie mit letzter Sicherheit sagen, wer das Falsche und wer das Richtige getan hat. Am Ende haben irgendwie beide dazu beigetragen. Als sich die Lage so zugespitzt hatte, dass der Konflikt zwischen meinen

Eltern unlösbar wurde, litt ich lieber eine Weile, bis der Sturm sich gelegt hatte, anstatt zusehen zu müssen, wie sich die beiden Menschen, die ich so sehr liebte, für den Rest ihres Lebens Tag für Tag miteinander herumquälten. Dennoch habe ich nie gehört, dass mein Vater schlecht über meine Mutter gesprochen hätte und umgekehrt. Meine Eltern waren einfach gute, anständige Menschen.

Schon ein Jahr vor meinem Schulabschluss hatte ich im Geheimen geplant, was ich danach machen würde. Ich betrachtete meine »Traumwand« – all die Bilder von Wellenreitern, die sich an fernen, exotischen Orten tummelten. Ich wusste, dass ich zu diesen weit entfernten Wellen reisen musste. Aber wie? Selbstverständlich konnte ich darauf zählen, dass mein Vater mir eine weiterführende Schule im Ausland bezahlen würde. Das war nicht der Punkt – ich wollte es allein schaffen. Wollte hart arbeiten und Geld verdienen, um mich an einer Universität in den USA zu bewerben und in den Ferien nach Hawaii, Mexiko, Mittelamerika und Kalifornien zu reisen. Ich wollte die legendären Monsterwellen im Archipel von Hawaii reiten, wollte nach Mexiko fahren, wo man angeblich neue Surfplätze mitten im Regenwald entdeckt hatte, und wollte – warum nicht? – den Geist der kalifornischen »Soul Surfer« erleben.

Doch wie sollte ich genügend Geld verdienen, um die Kosten für die Verwirklichung meines Lebenstraums zu decken? Ich war auf mich allein gestellt, meine Eltern hatten mir jedoch beigebracht, dass es nur einen Weg gibt, wenn man seine Ziele angemessen und auf anständige Weise erreichen will: ehrliche, harte Arbeit.

Wo ein Wille ist, ist auch ein Weg. Während ich als Einzelgänger ganz allein an stürmischen Winternachmittagen gegen den Strom geschwommen und auf den Wellen geritten war, hatte für mich etwas Neues begonnen, ohne dass ich es damals gemerkt hätte: Ich hatte angefangen, die sichere Zone zu verlassen und aus dem Kokon hinauszublicken, in dem die Gesellschaft uns gefangen hält.

Erst nach vielen Jahren begriff ich, wie wichtig diese Erfahrungen waren, die ich durch das Brechen der Regeln gemacht hatte. Indem ich ohne Rücksicht darauf, was andere für mein Bestes hielten, meinem Gespür folgte, wurde ich zu dem Menschen, der sein eigenes Leben lebt – nämlich das Leben, für das er geboren worden ist.

Lieber Daniel,

irgendwann einmal macht jeder Mensch schwere Zeiten durch. Zeiten, in denen unsere Kraft und unser Glaube auf die Probe gestellt werden. Das erging auch mir nicht anders. Schmerz ist ein Teil des Lebens. Das lernte ich, als ich älter wurde und ein paar harte Schläge einstecken musste. Das Leben wird uns schließlich als Ganzes geschenkt, man kann sich nicht nur die schönen Dinge aussuchen. Selbst wenn wir alles tun, um glücklich zu sein, so müssen wir mitunter auch mit traurigen Augenblicken und Niederlagen fertig werden.

Du bist noch zu jung, um zu verstehen, warum meine Liebesbeziehung mit Deborah, Deiner schönen Mutter, zu Ende ging. Wir erkannten, dass wir grundverschieden sind, Daniel. Wir erkannten, dass wir unterschiedliche Lebensziele haben. Dennoch bitte ich Dich um eins: Urteile nicht über uns. Wir sind nur zwei Menschen, die sich ineinander verliebt hatten, und dann hat uns das Leben das wunderbarste Geschenk gemacht: Dich. Du bist ein Kind reiner, kostbarer Liebe.

Gestern verbrachten wir beide einen wunderschönen Tag in meiner Wohnung. Stundenlang spielten wir, dann schliefen wir nebeneinander, wir gingen mit Oskar in den Park und hatten eine Menge Spaß. Heute Abend brachte ich Dich wieder zu Deiner Mutter, und als Du

sie erblickt hast, leuchteten Deine Augen wie Gold. Sie liebt Dich mehr als alles andere auf dieser Welt. Du bist der Sinn ihres Lebens.
Nachdem Du dann erschöpft von einem weiteren zauberhaften Tag ins Bett gefallen bist, gingen Deine Mutter und ich in ein schönes Restaurant. Wir unterhielten uns über unseren Tag, sie erzählte von Problemen, die sie in der Arbeit und in ihrer Familie hat, und sie hörte mir zu, als ich von mir erzählte – wie gute Freunde.
Deine Mutter und ich werden einander immer verbunden sein, Daniel, denn früher oder später vergessen wir die traurigen Momente – die schönen Erinnerungen aber bleiben uns ein Leben lang im Gedächtnis.
Vor allem aber haben wir Dich: die Frucht unserer tiefen Liebe und der größte Schatz, den das Leben uns gegeben

hat. Aber wenn etwas nicht so läuft, wie man es sich vorgestellt hat, ist es besser, man stellt sich dem Problem, anstatt sich ein Leben lang zu quälen.
Deine Mutter und ich sind keine Liebenden mehr, aber wir sind die besten Freunde. Wir streiten nicht mehr, und das hat uns eine wunderbare Freundschaft ermöglicht. Die Freundschaft zweier Menschen, die einander einmal bedingungslos geliebt haben. Sie kennt mich so gut und ich kenne sie so gut, dass sie wahrscheinlich immer meine beste Freundin sein wird. Bei uns gibt es die Worte Ressentiments, Hass oder Feindschaft nicht, sie sind nicht Teil unseres Vokabulars. Das waren sie nie und werden sie auch niemals sein.
Also versuchen wir unser Menschenmögliches, um Dir klarzumachen, dass wir auf unsere ganz spezielle Weise eine »Familie« sind, die, unabhängig von dem, was die Zukunft bringen mag, bestehen bleibt, auch wenn wir nicht mehr zusammenleben. Wir drei.
Ich werde Deine Mutter immer auf diese freundschaftliche Weise lieben, Daniel, und ich weiß, dass auch sie mich immer so lieben wird. Doch Du bist das Wichtigste für uns, und wir werden Dir immer alle Liebe schenken, die wir in unserem Herzen tragen. Immer.
Kannst Du uns verzeihen, dass wir Dir kein »normales Zuhause« bieten konnten? Ich hoffe es so sehr.

In aufrichtiger Liebe
Sergio

VI

Die Entscheidung fiel: Ich würde in den USA studieren.

Wie? Keine Ahnung. Ich wusste nur, dass ich es tun würde.

Unglaublich, wie sich die Teile eines Puzzles langsam zusammenfügen, wenn man den ersten Schritt in die richtige Richtung unternimmt. Nach der Schule gingen alle meine Freunde auf die Universität. Ich nicht. Ich machte Gelegenheitsjobs und lebte nach dem Grundsatz, den mir ein kluger Mensch einmal verraten hatte: »Wenn du hundert Dollar verdienst, dann lebe so, als hättest du nur achtzig, und verhalte dich den anderen gegenüber so, als hättest du nur fünfzig.« Eine einfache, schöne Regel, jedenfalls für mich. Wenn man nicht mehr auf schöne Kleider, schnelle Autos oder gar das allerbeste Surfbrett fixiert ist, wird das Leben sehr viel einfacher und leichter. Ich sage immer: Die meistgeschätzten materiellen Besitztümer sind für mich diejenigen, auf die ich verzichten kann. Wenn ich mich umsehe und feststelle, wie viele Leute darauf versessen sind, sich den tollsten iPod, den neusten Blackberry oder irgendeinen wahnsinnig modernen Flachbildschirm zuzulegen, ist mir natürlich bewusst, dass solche Dinge uns Freude machen können, gleichzeitig versklaven sie uns aber auch. Diese Leute haben mir zudem noch etwas anderes aufgezeigt, etwas sehr Wichtiges: Du selbst bist der einzige Mensch, mit dem du wetteifern solltest, mit niemandem sonst. Als ich aufhörte, mich für all diesen modischen Kram zu interessieren, und mich auf mein Ziel konzentrierte, auf meinen Traum, auf mein Leben überhaupt, wurde alles einfacher. Die Antwort auf so simple Fragen wie: »Soll ich diese Eiscreme jetzt kaufen oder das Geld in mein Sparschwein stecken?«, war fast immer dieselbe: »Vergiss nicht, was du dir vorgenommen hast.« Und so wurde mein Sparschwein langsam, aber sicher immer schwerer.

Zu dieser Zeit informierte ich mich auch über Colleges, die bei guten Zensuren Stipendien vergaben. Am Ende waren auf meiner Liste nur noch die Texas A&M University und die Universität von San Diego in Kalifornien übrig. Mein Traum war natürlich Kalifornien, aber die Studiengebühren waren doppelt so hoch wie an der texanischen Universität. Ich musste meiner finanziellen Lage also ins Auge sehen. »Vergiss nicht, was du dir vorgenommen hast.« Und ich dachte: »Über ein Jahr lang hast du dich abgerackert, nun musst du eine Entscheidung treffen.« Ich entschied mich für die Universität in Texas, eine Stunde vom nächsten Strand entfernt. Damals begriff ich noch nicht, warum ich diese Wahl getroffen hatte, das verstand ich erst mit der Zeit.

Während ich zum ersten Mal so weit entfernt von meinem geliebten Meer studierte und jeden einzelnen freien Tag in den Surfparadiesen verbrachte, von denen ich bisher nur gehört hatte, wurde mir bewusst, dass ich das Meer viel mehr liebte, als ich je gedacht hätte. Ich schwor mir, nie zu vergessen, was es mich gekostet hatte, von den beiden »Wesen« getrennt zu sein, die ich am meisten liebte: meiner Mutter und dem Meer; nur um zu begreifen, wie sehr ich sie doch liebe!

Seit dieser Zeit kann ich jeden Atemzug des Lebens genießen. Ich habe begriffen, dass das Leben mir nichts schuldig ist. Wenn man die Welt erobern will, indem man seinen Träumen folgt, muss man mitunter große Opfer bringen. Aber das macht das, was man erreichen will, noch sehr viel wertvoller.

Lieber Daniel,

ich blättere gerade meine alten Fotoalben durch und sehe, welches Glück ich hatte, mein Leben auf meine Weise leben zu dürfen. Es gab wirklich schmerzliche Momente, Momente größter Freude, dunkle Stürme und strahlende Sonne am Himmel. Hier und jetzt kann ich sagen, dass ich immer intensiv gelebt habe.

Seit meiner Kindheit glaube ich daran, dass Träume wahr werden können. Und nachdem ich nun ein großes Kind bin, weiß ich, dass wir auf dieser wundervollen Erde sind, um den einen und einzigartigen Weg zu wählen, den jeder von uns gehen muss, um sein Leben lebenswert zu machen. Wir müssen auf die Stimme hören, die jeder Mensch in seinem Inneren trägt, eine Stimme, die unserer Seele zuflüstert, wer wir sind, was wir wollen und in welche Richtung wir gehen müssen.

Auch heute glaube ich noch, dass das Geheimnis eines glücklichen, erfüllten Lebens von dem Weg abhängt, den wir einschlagen, und dass dieser Weg unser ureigener Weg sein muss, den unser Herz wählt.
Nur wer etwas riskiert, findet heraus, wie weit er wirklich gehen kann. Nur wer seinen eigenen Weg geht, kann

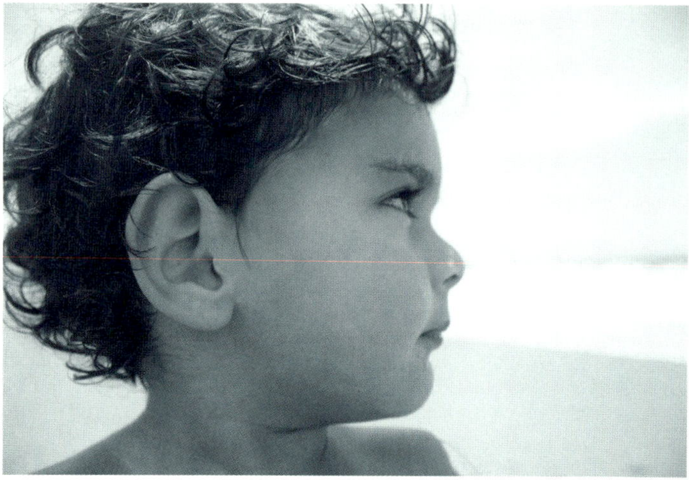

wahrhaftig und in Liebe und Harmonie leben. Nur wer der Melodie seines Herzens folgt, ist wirklich frei. Wandle nicht auf Wegen, die schon oft begangen wurden, mein geliebter Sohn. Geh dort entlang, wo es noch keinen Weg gibt, hinterlasse eine eigene Spur. Mach Deine eigenen Fehler. Steh wieder auf. Biete Deinem Unglück die Stirn und finde den Mut, weiterzugehen. Mach aus Deinem Leben etwas Unvergleichliches!
Man lebt nur einmal. Doch wenn Du Deinen Weg gehst, wirst Du am Ende Deiner Reise das Gefühl haben, tausend Leben gelebt zu haben!
Das Leben ist schön, Daniel, egal, was andere darüber sagen. Schönheit liegt immer im Auge des Betrachters.

Also wähle einen Weg, den noch kein anderer vor Dir gegangen ist, und hinterlasse der Welt und Dir zur Freude Deine eigene Spur.
Lass nie zu, dass die Angst Deine Träume auffrisst!

In tiefer Liebe
Sergio

VII

Nie werde ich den Tag vergessen, als ich meine wundervolle Kindheit und meine herrliche Schulzeit hinter mir ließ und in die Staaten flog – einem Traum entgegen.

Ich war zwar knapp bei Kasse, hatte aber den festen Willen, meinen Traum zu verwirklichen. Alle meine Freunde begleiteten mich zum Flughafen, nachdem wir den ganzen Tag bei mir zu Hause zusammengesessen hatten. Ich ging mit gemischten Gefühlen: voller Angst vor dem Unbekannten, die immer einer großen Veränderung im Leben vorausgeht – und weil ich mich von meinen Lieben trennen musste, vor allem von meiner Mutter.

Ich weiß, wie traurig meine Mutter war, aber sie war auch stolz auf das, was ich erreicht hatte.

»Meine Lebensaufgabe war es, an den Stränden, wo wir so gern zusammen spazieren gegangen sind, so viele Vogelfedern wie möglich zu sammeln, sie fest zusammenzustecken und sie dir eines Tages zu schenken, sodass Du auf eigenen Schwingen zu Deinen Träumen fliegen kannst.« Das waren ihre Worte. Ich habe noch immer das kleine Buch, das sie mir mit dieser Widmung geschenkt hat.

»Aber Mom, es ist doch kein Abschied für immer, wir sehen uns ja wieder!«, sagte ich.

»Ich weiß«, erwiderte sie mit Tränen in den Augen. »Ich habe mich mein ganzes Leben lang auf diesen

Moment vorbereitet. Also geh, wohin du willst. Ich werde immer für dich da sein, wenn du mich brauchst.«

In diesem Augenblick spürte ich, dass die »Nabelschnur« für immer durchtrennt war. Ein Mensch, der einem anderen Menschen das Leben und über zwanzig Jahre lang seine Liebe geschenkt hatte, ließ nun los. Seine Lebensaufgabe war erfüllt.

Es wurde Zeit, das Flugzeug zu besteigen, das mich in ein fernes Land bringen würde. Ich weinte mit meinen Freunden und meiner Jugendliebe Silvia. Wir waren eine große Gruppe, damals war ich noch ein sehr geselliger Mensch und hatte viele, viele Freunde. Nachdem ich mich von allen verabschiedet und Silvia geküsst hatte, warf ich einen letzten Blick auf diese zauberhafte Welt, die ich hinter mir lassen würde. Es war, als würden meine Beine sich weigern, mich zum Flugzeug zu tragen. Ich warf allen noch einen Kuss zu, dann blickte ich mich nicht mehr um. Der Schmerz war zu groß. Damals habe ich zum ersten Mal etwas erlebt, was sich durch mein weiteres Leben ziehen sollte: Immer wenn man einen geliebten Ort oder einen geliebten Menschen verlässt, stirbt man ein bisschen.

Ich möchte Dir etwas erklären, Daniel.

Wenn wir älter werden, gelangen wir irgendwann (frag mich nicht, wann oder warum) zu der Überzeug, es wäre für unser Leben besser, das eine oder andere für später aufzusparen: wenn wir in Rente sind oder wenn wir einen Job haben, wenn wir verheiratet sind oder wenn wir ein Kind haben – vielleicht auch zwei …
Doch dann sind wir verdrossen, weil die Kinder noch so klein sind und unser Leben bestimmen, und wir denken, wir wären glücklicher, wenn sie groß sind. Sind die Kinder dann groß, beklagen wir uns darüber, wie kompliziert alles geworden ist. Sie haben ihren eigenen Kopf und machen uns manchmal das Leben zur Hölle. Sie begehren gegen uns auf, und es wird immer schwieriger, mit ihnen umzugehen und mit ihnen zu reden. Dann sagen wir uns: „Wenn sie aus diesem Alter heraus sind, wird alles besser …«
Wir glauben auch, wir wären besser dran, wenn wir, oder der Ehepartner, mehr Geld verdienten, wenn wir die Mittel hätten, einen größeren Wagen zu kaufen, wenn wir in die Ferien fahren könnten, wenn wir eine bessere Stelle in unserer Firma bekämen, wenn wir endlich die überflüssigen Pfunde los wären oder in den Ruhestand gehen könnten.

Ich aber finde, Daniel: Es gibt keine Zeit, um glücklicher zu sein, als das Hier und Jetzt.
Wenn nicht jetzt, wann denn dann? Das Leben ist immer voller Herausforderungen, ständig gäbe es einen Grund zu sagen: »Na gut, das machen wir später.« Ich glaube, man sollte sich lieber bewusst werden, dass das Glück genau in diesem Moment liegt.
Darum lebe den Augenblick, als ob es kein Morgen gäbe – ja, noch nicht mal einen Weg zum Glück. Glück widerfährt uns in der Gegenwart. Sie ist wertvoll, gehe gut mit ihr um. Und denk dran: Die Zeit wartet auf niemanden.
Zögere also mit dem, was Du tun willst, nicht, bis Du in Rente gehst, bis Du Dich verliebt hast, bis Du verheiratet bist – wenn Du das denn willst –, bis Du eine gute Arbeit gefunden oder Kinder hast. Deine Kinder werden irgendwann das Haus verlassen, und vielleicht wirst Du Dich eines Tages scheiden lassen. Warte nicht auf irgendeinen Freitagabend, einen Sonntagmorgen, auf Frühling, Sommer, Herbst oder Winter. Vor allem, Daniel, warte nicht, bis es zu spät ist und Du feststellen musst, dass kein besserer Moment kommen wird, um glücklich zu sein!
Das Glück liegt auf Deinem Weg und in der Erfüllung Deiner Träume.

Vor langer Zeit habe ich irgendwo gelesen:

Arbeite, als würdest du das Geld nicht brauchen,
Liebe, als hätte dich noch nie jemand verletzt,
Tanze, als würde dir niemand zusehen,
Lebe, als wäre es der Himmel auf Erden.

Das ist das Leben!

Dein Vater Sergio

VIII

Beim Studium im Ausland habe ich viele wunderbare Dinge fürs Leben gelernt.

An der Texas A&M University leben Studenten aus allen Teilen der Welt. Ursprünglich hatte man sie als Militäruniversität für Weiße gegründet, später aber wurden auch Afroamerikaner und Frauen zugelassen, und inzwischen ist sie eine kosmopolitische Hochschule.

Ich schloss Freundschaften mit Kommilitonen aus der ganzen Welt, aus Asien, Israel und dem Nahen Osten, aus Afrika, Europa, Kanada und natürlich auch aus Lateinamerika und den Vereinigten Staaten. Wenn man aufgeschlossen ist, kann man überall Freunde finden.

Anfangs wohnte ich im Studentenwohnheim auf dem Campus. Das war billiger. Meine Zimmergenossen kamen aus Spanien und den USA, einige waren Moslems. Mir wurde bewusst, dass alle Menschen gleich sind, auch wenn sie in verschiedenen Ländern geboren wurden und unterschiedliche Traditionen und Religionen haben. Ich stellte auch fest, dass wir eben wegen unserer Traditionen und Glaubensrichtungen unterschiedliche Auffassungen haben. Ansonsten sind wir gleich – dennoch ist jeder Mensch ein einzigartiges Wesen. Wir könnten in wesentlich größerer Harmonie leben, wenn wir uns vor Augen hielten, dass alle Menschen rotes Blut in den Adern haben, unabhängig vom Geburtsland, von der Hautfarbe oder Religion.

Irgendwann wollte ich vom Campus wegziehen. Ich jobbte erst in der Mensa, dann als Anstreicher, später markierte ich Fußballfelder in eisiger Kälte mit weißer Kreide. Doch die harte Arbeit zahlte sich am Ende aus. Nachdem ich etwas Geld auf die Seite gelegt und gleichzeitig auch ein Stipendium bekommen hatte, konnte ich wundervolle Strände bereisen und Wellen reiten. Und ich konnte mir zusammen mit drei Surfern aus Brasilien ein Häuschen mieten. Ich flog nur an Weihnachten nach Hause, in all den anderen Ferien ging ich surfen. Kalifornien stand ganz oben auf meiner Liste. Ich fuhr auf dem berühmten »Highway 1« die gesamte kalifornische Küste entlang. Wir surften überall: in San Diego bis hinauf nach Santa Cruz und noch weiter im Norden. Zweimal waren wir auf Hawaii, wo es die mächtigsten und auch die gefährlichsten Wellen gibt. Ich wäre mehr als einmal fast ertrunken, und oft kam ich völlig zerschunden von Korallen und anderen Riffbewohnern aus dem Wasser. Doch nichts konnte mich davon abhalten, immer neue exotische Wellen zu reiten; manchmal begleiteten mich Delfine, der eine oder andere Wal und sogar Haie.

In meinen beiden letzten Studienjahren reisten wir nach Mexiko zu den Riesenwellen von Puerto Escondido und zu den weltweit längsten Wellen in San Blas. Wir fuhren mit dem Auto, mit dem Zug, reisten per Anhalter, schliefen bei Mädchen, die wir unterwegs trafen, und einmal zelteten wir sogar mitten im Regenwald in Gesellschaft der größten Leguane, die ich je gesehen habe. Wir vergewisserten uns, dass das Zelt auch fest geschlossen war und uns keine Giftschlange oder -spinne angreifen konnte. Das Leben war ein Abenteuer, voller Gefahren, und wir wussten nie, was der nächste Tag für uns bereithalten würde. Egal – wir waren quicklebendig!

Nach vierjährigem Studium, harter Arbeit und der Bekanntschaft mit einigen der gefürchtetsten Wellen der Welt hatte ich mein Diplom als Chemotechniker bestanden. Damals war ich in ein Mädchen aus Kolumbien verliebt, aber nachdem ich nun mein Studium abgeschlossen hatte, mussten wir uns trennen. Als ich mich von ihr, von all den wundervollen Freunden und dem Ort verabschieden musste, der mich vier Jahre lang so gastlich aufgenommen hatte, überkamen mich all die Erinnerungen an die vergangene Zeit. Zum zweiten Mal hieß es für mich Abschied nehmen, weitergehen und ein bisschen sterben … Denn etwas von dir bleibt immer an diesem Ort zurück. Mit dem gleichen Kloß im Hals wie damals bei meinem Aufbruch in Lima kehrte ich nun in mein Heimatland und zu meiner Familie zurück.

Wenn ich auf meine Weise leben wollte, musste ich mich damit abfinden, dass es in meinem Leben immer wieder Momente geben würde, in denen ein kleiner Teil von mir stirbt. In allen Himmelsrichtungen Spuren zu hinterlassen und kostbare Erinnerungen zu sammeln würde mir dabei helfen, meine persönliche Reise angenehmer zu machen.

Lieber Daniel,

der Friede, den ich heute in meinem Herzen trage, ist vollkommen anders, als ich ihn mir in meiner Jugend vorgestellt habe.
Damals dachte ich, ich fände meinen Frieden, wenn ich tun und lassen kann, was ich will, wenn ich nicht aufbegehre und wenn ich traurigen Situationen oder meinen eigenen Widersprüchen aus dem Weg gehe.
Wenn ich nun zurückblicke, kann ich für mich behaupten, dass mein Seelenfrieden schließlich das Ergebnis wichtiger Lektionen ist, die mir das Leben erteilt hat.
Friede bedeutet für mich heute, im Einklang mit meiner Umwelt und dem Universum zu sein, indem ich alles Angenehme und auch alles Unangenehme akzeptiere, das mir das Leben beschert. Indem ich Herausforderungen annehme, gute Zeiten wie auch schlechte Zeiten habe und indem ich nie das Vertrauen darauf verliere, dass der Sturm vorüberziehen und die Sonne wieder scheinen wird. Seelenfrieden heißt: in Harmonie mit seinem Selbst sein, die Person annehmen, die man ist, und wissen, dass man als Mensch immer Fehler machen wird. Friede ist ein Synonym für Bescheidenheit. Man muss Verantwortung übernehmen, Entscheidungen treffen, und man sollte nie an Widrigkeiten verzagen.
Wenn man in Frieden mit sich lebt, kann man auch

andere Auffassungen respektieren und viel, viel mehr geben, als man bekommt. Ich will teilen, was ich besitze, will die Dinge annehmen, die ich nicht ändern kann, und zugeben, dass ich mich manchmal irre. Und ich weiß, dass ich eines Tages ernten werde, was ich mein Leben lang gesät habe.
Mach Dein Herz frei von Hass und Missgunst, Daniel. Mach Dir nie Sorgen über die Zukunft. Lebe bescheiden und erfreue Dich an den Zufällen des Lebens, gib viel und erwarte wenig. Unternimm viele Reisen, betrachte die Welt mit Deinen eigenen Augen und staune über das, was Du siehst. Lass niemals Routine einkehren und verliere nie den Glauben und die Kraft, Deinem Leben einen höheren Sinn zu verleihen, Daniel.

Ich liebe Dich.
Dein Vater

IX

Was kam dann?

Ich kehrte in meine Heimatstadt und zu den prächtigen Klippen zurück, die meine ersten Lebensjahre geprägt haben. Da saß ich also wieder, meine Beine baumelten über dem aufgewühlten Meer, das sich fünfzig Meter tief unter mir auftat, und ich ritt die Wellen, als ob es kein Morgen gäbe.

Manchmal ging meine Mutter mit mir an den Strand, wir sprachen stundenlang über das Leben, blickten in herrliche Sonnenuntergänge oder farbenfrohe Sonnenaufgänge. Es tat mir gut, wieder in ihrer Nähe zu sein, denn während meines Aufenthalts in den Vereinigten Staaten habe ich nie aufgehört, an sie zu denken. Wir erinnerten uns an ihren Besuch in Texas und wie glücklich sie war, als sie sah, dass aus ihrem Sohn nun ein »großer Junge« geworden war, wie sie behauptete.

Aber sie kannte mich zu gut. Sie wusste, dass ich nicht lange bleiben würde. Als Wellenreiter und Nomade mit Leib und Seele hatten mir meine Reisen an paradiesische und auch exotische Orte noch mehr Appetit darauf gemacht, weiterzuziehen und neue Welten, neue Surfstrände zu erkunden. Ich wollte sie mit meinen eigenen Augen sehen, nicht nur im Fernsehen oder auf Fotos von anderen Leuten. Ich wollte die Welt auf eigene Faust entdecken und erleben. Und wer konnte das besser wissen als diese wundervolle Frau, die mich in ihrem weichen Bauch unter dem Herzen getragen und mir beigebracht hat, die einfachen Dinge, die wirklich wichtigen Dinge im Leben zu schätzen? Der Mensch, der von Anfang an wusste, dass eine Mutter ihr Kind zwar zur Welt bringt, die Träume des Kindes aber unbestimmt in der Zukunft verborgen liegen. Dieser Mensch wusste, dass er mich nur lieben, leiten, lehren, mich aber nie besitzen kann.

Es ist erstaunlich, dass irgendein kleiner, scheinbar unbedeutender Zufall das Schicksal für immer verändern kann.

Ich lebte wieder in Lima und arbeitete als Vertreter für einen multinationalen Konzern. Mein Chef war einer der nettesten Menschen, die ich je kennengelernt habe, die Zusammenarbeit mit ihm war wunderbar. Ich war glücklich mit meinem Job, das hieß aber nicht, dass ich ihn ewig machen wollte. Meine Lebenspläne waren vielleicht schon lange vor meiner Geburt entworfen worden – ich musste also nur der Stimme meines Herzens folgen. Denn ich spürte, dass bald etwas geschehen würde. Bis es so weit war, verbrachte ich viel Zeit mit meinen Freunden und mit meiner Mutter, ich verliebte mich, surfte mit den Delfinen, und ich bereute es nicht, »zu Hause« zu sein. Ich hatte es nicht eilig.

Es geschah an einem Nachmittag, als ich mein »Schatzkästchen« aufräumte. Dort bewahrte ich kleine Dinge auf, die mein Leben auf irgendeine Weise geprägt haben:

Briefe von Silvia, meiner großen und einzigen Jugendliebe, meine ersten Sparbücher, Lieblingsspielzeug aus meiner Kindheit, Fotos von meinen ersten Wellenritten und einige wenige Bücher, die mich beschäftigen, seit ich sie zum ersten Mal gelesen habe, wie *Der kleine Prinz* und *Der Prophet*.

Ich war ganz in meine Erinnerungen versunken, als ich hörte, wie etwas aus Metall auf den Boden fiel. Im ersten Moment erkannte ich es nicht. Erst als ich es aufhob, sah ich, dass es die Brosche war, die Miss Martin mir an meinem ersten Tag im Kindergarten geschenkt hatte, das goldene Känguru. Ich konnte nicht glauben, dass ich es noch immer hatte! Ich nahm einen sauberen Lappen, setzte mich aufs Bett und polierte es. Ich merkte gar nicht, dass die Gedanken in meinem Kopf sich zu überschlagen begannen, je länger ich es berührte und betrachtete.

Es funkelte mich an. So klein und doch so wertvoll. Ein kleines goldenes Känguru – das Symbol eines fernen Landes namens Australien.

»Du musst gehen …«, sagte die innere Stimme.

Und ich machte mich auf den Weg.

Doch kurz darauf passierte eine Tragödie.

Lieber Daniel,

ich will Dir nun einen Rat geben. Es ist – wie ich finde – einer der besten, die ich Dir mit auf den Weg geben kann. Nimm ihn an, wenn Dir danach ist.
In der Gesellschaft, in die wir hineingeboren wurden, ist der Tod eines geliebten Menschen eine wirkliche Tragödie. In anderen Kulturen, die ich kennengelernt habe, ist das dagegen ganz anders. Dort gilt der Tod als Beginn eines neuen Lebens, als Wiedergeburt in eine bessere Welt, und die Leute feiern, wenn jemand stirbt. Versteh mich nicht falsch, ich will damit nicht sagen, es wäre nicht tragisch, wenn ein Kind vor seinen Eltern stirbt. Das ist natürlich schrecklich, weil damit gewissermaßen die Gesetze der Welt auf den Kopf gestellt werden. Ich habe erlebt, wie Freunde ihre Geschwister verloren haben, und nach allem, was ich von ihnen erfahren habe, gibt es keinen größeren Seelenschmerz. So etwas sollte nicht passieren, aber leider geschieht es dennoch von Zeit zu Zeit. Warum? Die Antwort darauf steht in den Sternen, Daniel. Sie ist eine von vielen, die ich Dir nicht geben kann.
Ich spreche hier von den Menschen, die uns lieben und die wir lieben und mit denen wir einen Großteil unserer Zeit verbringen – Freunde, Eltern, Großeltern. Es ist ganz normal, dass Familien sich streiten. Aber mich betrübt,

dass die meisten Leute die Liebe ihrer Verwandten und Freunde für selbstverständlich halten.
Ich nicht, Daniel. Ich hatte das Glück, zu begreifen, dass man Sätze wie: »Ich liebe dich« oder »Schön, dass es dich gibt« geliebten Menschen jeden Tag sagen sollte. Warte also nicht damit, Liebe, Küsse und warmherzige Worte zu schenken, bis jemand stirbt. Denn hat ein geschätzter Mensch seinen Körper erst einmal verlassen, kannst Du Dich nur noch mit Tränen und voller Trauer auf seiner Beerdigung »gebührend« von ihm verabschieden.
Meinem Vater, der bei guter Gesundheit ist und in einem anderen Land lebt, habe ich ein Buch gewidmet: Die Zeit der Sternschnuppen. *Damit wollte ich ihm dafür*

danken, dass er mir mit seiner Klugheit, Geduld und Neugier die Augen für diese wundervolle Welt geöffnet und so vieles beigebracht hat. Ich danke ihm auch dafür, dass er immer ein so wichtiger Teil meines Lebens war. Doch das Wichtigste in meinem Leben habe ich getan, bevor ich nach Australien aufbrach. Ich rief meine Mutter an und verabredete mich mit ihr. Wir fuhren mit ihrem Wagen ans Meer und parkten an einer Stelle, die wir beide sehr mochten.

»Was ist denn der Grund?«, fragte sie mich.

»Es gibt keinen«, antwortete ich, »ich wollte nur mit dir zusammen sein, in deine wunderbaren grünen Augen blicken, dich küssen und dir sagen: ›Danke, dass du meine Mutter bist. Das Leben hat mich mit der besten Mutter der ganzen Welt gesegnet.‹«

Tränen liefen ihr über die Wangen. Nachdem sie mich lange Zeit schweigend im Arm gehalten und sich wieder gefasst hatte, nahm sie schließlich mein Gesicht in ihre zarten Hände, sah mir in die Augen und sagte:

»Was du gerade gesagt und getan hast, mein geliebter Sergio, ist das schönste Geschenk, das ich je bekommen habe. Wenn eine Mutter diese Worte von ihrem Sohn hört, dann bedeutet das, dass sich all das gelohnt hat, was wir auf dieser Reise, die man Leben nennt, durchgemacht haben. Es heißt, ich habe es richtig gemacht, dass ich dich so geliebt habe. Wie sehr, wirst du erst verstehen, wenn du einmal eigene Kinder hast. Was du soeben gesagt hast, Sergio, gibt mir das Gefühl, dass mein Leben von Anfang an einen Sinn hatte, der stärker war als alles andere. Egal, was die Zukunft noch bringt – dieser

Moment, den wir gerade zusammen erleben, wird mir als Mutter immer der wichtigste bleiben: der Tag, an dem jemand, den ich als den Sinn meines Lebens betrachte, zu mir sagte: ›Danke, dass du meine Mutter bist.‹«

Nutze den Augenblick, Daniel, umarme, küsse und liebe jeden Tag, egal, wo Du auf dieser Welt bist. Und geh nicht davon aus, dass andere wissen, was Du für sie empfindest. Sag es ihnen. Das ist ein gewaltiger Unterschied. Etwas zu geben, ohne dafür etwas haben zu wollen, ist das schönste Geschenk, das es im Leben gibt.

Einen Monat bevor ich nach Australien flog, starb Deine Großmutter an einem Schlaganfall.

Ich wünschte, Du hättest sie kennengelernt. Ihr beide wärt unzertrennlich gewesen!

Sergio

X

Die Zeit in Australien habe ich wahrlich als einen meiner schönsten Lebensabschnitte in Erinnerung. Ich lernte damals etwas, das ich nie wieder vergessen werde: Das Glück liegt nicht immer nur am Ziel einer Reise, manchmal ist Glück die Reise selbst. Von Lateinamerika nach Australien fliegt man fast einen ganzen Tag. Es gab verschiedene Zwischenstopps, und ich beschloss, an den jeweiligen Orten eine bestimmte Zeit zu verbringen, nicht nur um den langen Flug erträglicher zu machen, sondern auch um neue Länder kennenzulernen. Ich blieb eine Weile auf der Osterinsel und besichtigte die berühmten Steinstatuen, die Moais. Die Brandung dort war phantastisch, allerdings traf man hin und wieder auf einen Weißen Hai.

Mein nächstes Ziel war die bekannte Südseeinsel Tahiti. Plötzlich war ich von französischer Kultur umgeben und fand mich wieder in einer ganz eigenen Welt aus *crêpes* und allem, was sonst noch so dazugehört. Ich glaube, ich war noch nie an einem wärmeren Ort – Tag und Nacht liegen die Temperaturen bei vierzig Grad Celsius. Es gibt Korallenriffe in kristallklarem Wasser, hohe bewaldete Berge, und das Leben der Menschen folgt dort einem sehr gemächlichen Rhythmus. Ich besuchte auch Bora Bora, eine Insel wie aus dem Bilderbuch, ein echtes Juwel. Ich schwamm mit den Delfinen in der Lagune und hätte nicht glücklicher sein können. Zudem erlebte ich Sonnenuntergänge, wie ich sie noch nie zuvor gesehen hatte, ich surfte an Stränden mit tiefschwarzem Lavasand und merkte, dass ich bei der Beobachtung der Natur und ihrer Rhythmen das wahre Wesen unserer Mutter Erde erfasste. Aber am allerwichtigsten war, dass ich die Welt mit eigenen Augen sah.

Und ohne es zu merken, machte ich auch eine innere Reise, eine Reise ins Ich, bei der ich herausfand, wer ich bin, was ich will und was der Sinn meines Lebens ist.

Nach einer Woche auf Tahiti flog ich weiter nach Auckland.

Wieder war ich in einem völlig anderen Kulturkreis gelandet, der weitgehend von den einheimischen Maori und britischen Siedlern geprägt ist – zwei wunderbare Kulturen, die miteinander verschmolzen sind und den friedlichsten Staat auf Erden geschaffen haben.

Ich blieb ein paar Tage in Neuseeland und ritt auf den eiskalten Wellen vor der Nordinsel. Es ist das einzige Land der Welt, wo man in glasklarem Wasser surfen und gleichzeitig schneebedeckte Gipfel sehen kann. Neuseeland gilt außerdem als der beste Ort, um eine Familie zu gründen. Es gibt so gut wie keine Kriminalität, und das Leben fließt friedvoll mit den Jahreszeiten dahin. Ein Paradies für kleine und große Kinder! Ich bereiste auch die Südinsel und schwamm vor der kleinen Stadt Kaikoura mit Tausenden Delfinen. Ich zeltete im Regenwald, meditierte und lernte von der Natur.

Unnötig zu sagen, dass ich allein war – in Gesellschaft meines besten Freundes: mir selbst. Mir wurde bewusst, dass man einen großen Schritt hin zu einem Leben in Ruhe und Frieden vollbracht hat, wenn man sich selbst genügt und dabei nicht einsam ist. Vertraut man auf sein Gespür und auf das Leben als solches, kann man eines Tages nicht nur glücklich sein, wenn man von den Dingen umgeben ist, die einem am Herzen liegen, sondern auch wenn es hart auf hart kommen sollte … Alles ist nur eine Frage unserer inneren Haltung.

Nach meiner Zeit im »Land der langen weißen Wolke«, wie die Maori Neuseeland nennen, bestieg ich das Flugzeug, das mich an das letzte Ziel dieser Reise bringen sollte: Australien.

Ich packte meine Sachen, warf einen letzten Blick auf die verschneiten Berge Neuseelands, seinen Regenwald und seine wundervollen Menschen.

Ich fühlte mich so lebendig …

Lieber Daniel,

niemand hat das Recht, über andere zu urteilen, über Dich selbst darfst nur Du urteilen.
Du wirst irgendwann herausfinden, dass wir oft von denen verletzt werden, denen selbst Unrecht widerfahren ist. Manchmal wollen Eltern, dass ihre Kinder das erreichen, was sie selbst nicht geschafft haben. Oder vielleicht stammen die Eltern aus einer Familie mit Zucht und Ordnung und wollen, dass ihre Kinder genauso leben; das ist ganz menschlich, es ist nicht ihr Fehler, zumindest nicht ganz.
Viele Menschen haben in ihrem Leben traumatische Erfahrungen gemacht – Kriege, Missbrauch oder Ausgrenzung als Kind; all das hat ihr Leben geprägt. Leider übertragen sie ihre Erfahrungen manchmal auf ihre Kinder, und dann nimmt das Unglück seinen Lauf.
Deine Mutter und ich haben Dir bei Deiner Geburt versprochen, dass Du der Mensch sein kannst, der Du sein willst. Niemand ist als Vater oder als Mutter geboren, man lernt erst zusammen mit den Kindern, sich richtig zu verhalten. Also verzeih uns die Fehler, die wir vielleicht bei Dir machen. Wir sind halt nur Menschen – zwar ein wenig älter als Du, aber im Grunde sind wir alle gleich.
Neulich hat mir ein Freund ein schönes Gedicht geschickt, das ich mit Dir teilen möchte. Es hat mir

klargemacht, dass wir alle unser eigenes Leben leben und dass wir andere ihren Weg gehen lassen müssen. Niemand, kein Mensch, kennt die ganze Wahrheit. Ich bitte Dich noch mal: Verzeih mir meine Fehler, denn ich werde unweigerlich welche machen, auch wenn ich hoffe, dass es nicht allzu viele werden!
Ich wünsche mir auch, dass dieses Gedicht Dir zeigen kann, wieso ich so lebe, wie ich lebe. Als ich es das erste Mal las, hatte ich das Gefühl, als würde es von mir sprechen, es hat mich getröstet. Ich weiß zwar nicht, wer es geschrieben hat, aber es tat gut zu wissen, dass es irgendwo auf der Welt jemanden gibt, der genauso denkt und fühlt wie ich und der seine Lebensreise ähnlich gestaltet.

Wer alt ist, hat viele Jahre gelebt,
Wer sich alt fühlt, hat seine Lebensfreude verloren.
Wer alt ist, wird ein wenig langsamer,
Wer sich alt fühlt, tötet seine Träume.
Wer alt ist, fragt sich: »Lohnt es sich?«,
Wer sich alt fühlt, sagt Nein, ohne darüber nachzudenken.
Wer alt ist, träumt im Wachen,
Wer sich alt fühlt, kann nachts schlecht schlafen.
Wer alt ist, hat noch immer viel zu lernen und zu entdecken,
Wer sich alt fühlt, lernt und lehrt nichts mehr.
Wer alt ist, hält Körper und Geist fit und hat noch Träume,
Wer sich alt fühlt, sitzt tagelang vor dem Fernseher.

Wer alt ist, hat eine Zukunft,
Wer sich alt fühlt, hat keine Pläne mehr und erinnert sich nur noch an die »gute, alte Zeit«.
Wer alt ist, probiert jeden Tag etwas Neues aus, erfindet sich täglich neu und bleibt neugierig,
Wer sich alt fühlt, erwartet nur noch das Ende und verschanzt sich in seinem Kokon.

Alt sein hat also nichts mit dem Alter an sich zu tun, es ist eine Lebenseinstellung. Doch selbst ein Jugendlicher kann sich schon alt fühlen, wenn er das Leben nicht genießt, wenn er keine Träume mehr hat, wenn er seine Neugier gegen Sicherheit und Bequemlichkeit eintauscht.

Denk über diese Worte nach, die ein großes Kind an ein kleines Kind weitergibt, das gerade erst angefangen hat, seine eigenen Schritte auf seiner Reise durchs Leben zu unternehmen. Ob Du älter wirst oder reifer, ist Deine Entscheidung, Daniel.
Mir hat das als Kind niemand gesagt, darum bin ich so froh, dass ich Dir dieses Gedicht schenken kann, auch wenn Du es noch nicht lesen kannst. Aber das wirst Du bald lernen.

Ich hoffe, es hilft Dir.

Dein Vater

XI

Australien ist eines der wenigen Länder, die vor Ort noch viel beeindruckender sind als auf Fotos und Postkarten. Die Farben dort sind unglaublich intensiv. Das Land ist fast so groß wie die USA, aber es leben dort weniger als zwanzig Millionen Menschen, dafür Abermillionen Papageien, alle möglichen Känguru-, Waschbären- und Opossumarten, es gibt ausgedehnte Eukalyptus- und Regenwälder: ein Paradies für Naturfreunde und Menschen, die friedlich leben wollen. Australien ist eine frische Brise für unsere Sinne. Das Leben pulsiert – alles ist möglich, alles wird gut. Es ist ein ehrliches Land, die Einwohner stammen hauptsächlich von irischen, schottischen und englischen Vorfahren ab, aber auch Einwanderer aus allen möglichen anderen Ländern sind ihrem Traum dorthin gefolgt.

Doch am meisten faszinierte mich das Meer. Das tiefe Blau der Tasmanischen See oder das klare, türkisblaue Wasser mit seinen farbenprächtigen Korallenriffen. Man konnte tagelang auf einer kleinen Insel oder am Strand kampieren, nur umgeben von Sternen und Beutelratten. In meinen Augen ist die Bezeichnung »Glückliches Land« noch untertrieben für dieses Stück vom Paradies, das Gott in die Welt gesetzt hat und dessen Bewohner schon früh gelernt haben, die Natur zu schützen und in ihrer Ursprünglichkeit zu bewahren.

Damals wusste ich noch nicht, dass ich im Begriff war, einen der größten, wenn nicht überhaupt den größten Fehler meines Lebens zu begehen. Einen Fehler, der mich zurückwarf in den Schatten eines sinnlosen, ziellosen Daseins und der mich fast mein Leben gekostet hätte. Ich meine damit, dass ich fast vergaß, wer ich bin, und mich in meinen Kokon zurückzog.

Ich fand eine Stelle als Vertreter einer Firma, die Stahlwerke baute. Das war phantastisch. Ich konnte viel von zu Hause aus erledigen und meinen Tag nach der Brandung einteilen, die von den starken Westwinden aus der Region „Roaring Forties« verursacht wird und direkt aus den Tiefdruckgebieten kommt, die sich über dem Südpazifik bilden und langsam an die Ostküste Australiens ziehen. Ich konnte bei meiner Arbeit kommen und gehen, wann ich wollte, und jederzeit, auch an Wochentagen, surfen gehen, wenn es Wellen gab. Und wenn umgekehrt am Wochenende die Wellen ausblieben, arbeitete ich. Ein idealer Job für jemanden wie mich, der sich nie an einen Arbeitstag von acht Uhr morgens bis fünf Uhr abends gewöhnen konnte. In meinem Urlaub fuhr ich auf die Fidschi-Inseln, nach Neukaledonien oder Indonesien, zum Beispiel auf die Mentawai-Inseln, wo ich ganz wunderbare Wellen ritt.

Irgendwann rief mich die Firmenleitung aus Großbritannien an und bat mich zu kommen. Ich flog hin, und wir unterhielten uns. Man war sehr zufrieden mit meiner Arbeit und bot mir an, mein Vertretungsgebiet auf Neuseeland und Südostasien auszuweiten. Zusätzlich sollte mein Gehalt um ein Vielfaches aufgestockt werden. Ich fiel aus allen Wolken, als ich das hörte. Auf diese Weise könnte ich viele neue, exotische Länder bereisen, und selbstverständlich ging der Job mit Leistungsanreizen einher, die es mir fast unmöglich machten, die Stelle abzulehnen: Flüge erster Klasse, Übernachtungen in Fünfsternehotels, eine Luxusvilla im privilegiertesten Wohngebiet Sydneys, ein schicker Dienstwagen, den ich auch privat nutzen konnte, und alle möglichen anderen Vergünstigungen, die ein Geschäftsführer eben so bekommt. Ich war dreißig Jahre alt, jeder würde mich dazu beglückwünschen oder mich beneiden, dass ich die Karriereleiter in meiner kurzen Berufslaufbahn so schnell »hinaufgefallen« war. Doch mir ging es vornehmlich darum, dass ich auf den Philippinen, in Vietnam und Japan surfen und endlich meinen Traum wahrmachen könnte, überall auf der Welt die besten Surfplätze kennenzulernen!

Leider musste ich bald feststellen, dass es ein großer Fehler war, diese Stelle anzunehmen. Damals merkte ich aber nicht, dass ich freiwillig in einen goldenen Käfig gestiegen war und fast das wertvollste Geschenk des Lebens verloren hatte: Zeit, um das Leben zu genießen.

Lieber Daniel,

die schlimmste Finsternis ist nicht die, die uns die Sicht raubt und uns blind macht, sondern die, die in den verborgensten Winkeln unseres Herzens wohnt. Auch das strahlendste Licht kommt nicht von der Sonne, sondern aus der Tiefe unseres Herzens, und es leuchtet warm aus unseren Augen. Möge dieses Licht Dir bei der Erfüllung Deiner Bestimmung den Weg weisen.
Manche Menschen sind etwas Besonderes, weil sie außergewöhnliche Fähigkeiten haben. Doch das sind nicht immer die glücklichsten Menschen. Glücklich sind vielmehr die, die der Stimme ihres Herzens folgen. Darum liebe Dich selbst so, wie Du bist, und vergleiche Dich niemals mit anderen; dazu bist Du nicht auf dieser Welt. Lerne mit Deinen Stärken und Schwächen umzugehen und verwandle Dein Leben in eine heitere, wohlklingende Melodie, die Deine Seele erfüllt. Suche das Licht in Deinem Inneren. Doch um richtig glücklich zu werden, muss man manchmal auch tapfer sein. Darum zähle nicht Deine Fehler und Missgeschicke, zähle die Segnungen, die Du erhältst, und hilf anderen, die ihre eigene Hölle durchleben müssen; das ist unsere Menschenpflicht. Wir müssen an andere weitergeben, was wir selbst schon gelernt haben. Also sage ich Dir: Mach immer weiter, Daniel, auch wenn es Dich schmerzt.

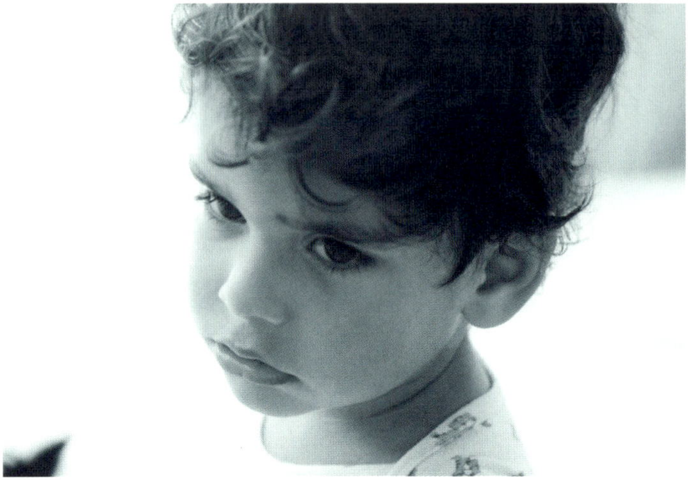

Denn wenn Du bereit bist, auch schwere Entscheidungen zu treffen, wird Dein Unglück irgendwann ein Ende haben. Und wie kann man strahlen, wenn man nicht durch die Finsternis dringt? Es erfordert viel Mühe und Arbeit, die Seele zu stärken, aber Du wirst danach feststellen, dass Deine Trauer nur eine zarte Luftblase ist. Niemand sollte sich seine Fehler vorwerfen. Sich selbst zu verzeihen heißt, Frieden mit der Welt zu schließen. Du allein bestimmst Dein Schicksal.

Mit strahlendem Licht
Sergio

XII

Am Anfang war ich wirklich glücklich mit meiner neuen Stelle und wollte weiter Karriere machen.

Mein Gehalt war phänomenal. Zudem bezahlte die Firma die Miete für meine Villa hoch über dem Meer im Norden der Stadt, ich hatte einen Parkplatz in der Tiefgarage eines Hochhauses im Finanzdistrikt Sydneys, und ich fuhr keinen alten Ford mehr, sondern einen teuren Lexus – alles auf Kosten der Firma. Und die absolute Krönung: eine goldene Rolex, ein vornehmer Mont-Blanc-Füllfederhalter und ein Ausweis von Qantas, mit dem ich Zutritt zu den VIP-Lounges auf allen Flughäfen der Welt hatte. Und natürlich flog ich nur noch erster Klasse – nur wenn es nicht anders ging, gab ich mich mit der Businessclass zufrieden.

Mein erster Auftrag führte mich nach Thailand. Ein Industriemagnat wollte mit unserer Hilfe dort mehrere Stahlwerke errichten lassen.

Ich wartete in der Qantas-Lounge, in einem nigelnagelneuen Anzug von Armani, und ging die Unterlagen durch, die ich in Sydney für meine Präsentation in Thailand vorbereitet hatte.

Ich bemerkte sofort, dass die meisten Leute in der Lounge Führungskräfte waren, die sich in die *Financial*

Times oder das *Wall Street Journal* vertieften. An den Wänden hingen Großbildschirme, wo Nachrichtenbänder mit den Aktienkursen von allen wichtigen Börsen der Welt durchliefen, minütlich änderten sich die Kurse und blinkten auf. Alle Männer trugen eine schicke Krawatte, genehmigten sich einen Drink oder arbeiteten wie ich an ihren portablen Computern.

Doch etwas fiel mir unangenehm auf: Niemand redete. Alle waren so auf ihre Arbeit konzentriert, dass sie die anderen wahrscheinlich gar nicht wahrnahmen. Die müssen ja sehr beschäftigt sein und ganz wichtige Dinge tun, dachte ich und widmete mich wieder meinen Kalkulationen. Aber es ödete mich an, denn ich wusste ja, wie ich das Projekt vorstellen wollte. Also nahm ich eine Zeitschrift über Thailand und begann mit der ersten Erkundung dieses exotischen Landes.

Ich war fasziniert von den Bildern: In Chiang Mai konnte man auf Elefanten durch den Dschungel reiten und wilde Tiger sehen. Phuket war ein Garten Eden im türkisblauen Meer, wo man das ganze Jahr über mit Mantas und Walhaien tauchen konnte. Ich wurde ganz aufgeregt und beschloss, eine Woche Urlaub anzuhängen und diese phantastischen Orte in Thailand zu besuchen, sobald ich meinen Auftrag erledigt hätte.

Im nächsten Moment kam eine nette Dame auf mich zu: »Ihr Flugzeug steht bereit, Sie können nun an Bord gehen.« Natürlich stiegen wir als Letzte ein. Denn von den Passagieren der ersten Klasse kann man schließlich nicht erwarten, dass sie ihre Zeit beim Anstehen mit den einfachen Touristen verschwenden. Kaum an Bord, klappten auch schon wieder alle ihre elektronischen Geräte auf. Ein Flug von acht Stunden – viel Zeit, die nicht vergeudet werden darf! Die Dame neben mir war stark geschminkt und nippte an ihrem Champagner, der in einem Glas aus Bleikristall serviert wurde.

Ich dachte damals wirklich, wir »schönen« Menschen in der ersten Klasse wären den anderen hinter den geschlossenen Vorhängen überlegen. Ich fühlte mich eine Zeit lang richtig wohl. Endlich hatte sich die harte Arbeit der vergangenen sechs Jahre ausgezahlt. Ich gehörte zur »Elite«, die nur das Beste gewöhnt war und meinte, mit Geld könne man alles kaufen. Sogar Glück. Na ja, vielleicht hatten sie tatsächlich recht, und ich würde es schon noch merken ...

Ich spielte drei Jahre lang Geschäftsmann. Ich besuchte die luxuriösesten Hotels und Restaurants und konnte mir alles leisten, was man für Geld bekommt.

Ich schloss viele Verträge in den verschiedensten Ländern ab und zog mir den Neid meiner Kollegen zu. Außerdem hatte ich einen entscheidenden Vorteil, eine Sache, mit der sie manchmal nicht zurechtkamen: Ich hatte weder Angst vor Geld noch vor Großunternehmern.

Ich möchte das etwas näher erklären: Einmal hatte ich einen Termin in Kuala Lumpur. Ich bereitete mich innerlich darauf vor, indem ich alle Informationen abrief, die ich über meinen Vertragspartner bekommen konnte, und erstellte meine Präsentation. Nachdem ich sie dann bei der Besprechung vorgestellt hatte, lehnte ich mich auf meinem Stuhl zurück und hörte zu. Ich war bei den Verhandlungen übrigens nie allein, immer hatte ich einen oder zwei Assistenten dabei. Es ging um Zahlen, und mitunter sprachen wir von Hunderten Millionen Dollar. Genau das machte meine Kollegen nervös, mit so großen Summen konnten sie nicht umgehen, das war zu viel Geld. Darüber hinaus war der Magnat, den wir vor uns hatten, ein Experte in Geldverhandlungen und versuchte zusammen mit ein paar leitenden Angestellten den Preis zu drücken. Er war der Reiche, und wir waren nur Manager, Angestellte eines großen multinationalen Konzerns.

Ich habe oft erlebt, dass diese Geschäftsleute dabei nach einem ganz bestimmten Muster vorgehen: Zuerst lassen sie dich spüren, wer der Boss ist und die Entscheidungen trifft. Dann versuchen sie dir geschickt klarzumachen, dass sie den Deal mit einer anderen Firma machen werden, solltest du nicht auf ihr Angebot eingehen, und am Ende versuchen sie Druck auszuüben und dich kleinzukriegen. Und bei den meisten Leuten funktioniert das auch. Ich habe gesehen, wie einige meiner Kollegen allein schon bei dem Gedanken, der Vertrag könne platzen, Schweißausbrüche bekamen. Ihre Beine zitterten beim Anblick der Zahlen mit den vielen Nullen und dem Dollarzeichen davor. Damit kamen sie nicht zurecht.

Bei mir war das ganz anders. Ich saß einfach nur da und hörte dem Mann zu. Aber im Kopf machte ich mir ein Bild von seinem Leben: Er ist Mitte fünfzig oder um die sechzig, gleich wird er seine hübsche zwanzigjährige Sekretärin bitten, noch Kaffee oder Tee zu bringen. Er trägt eine diamantbesetzte Rolex und einen Anzug, der Tausende gekostet hat, er hat den neuesten Mercedes mit Chauffeur, er hat Bodyguards, und nun leitet er ein Meeting – auf einem Stuhl sitzend, der ein wenig höher ist als die anderen – und ist umgeben von Leuten, die er gekauft hat und die ihm niemals widersprechen würden, selbst wenn er sich irrt.

Ich versuchte mir auch sein Privatleben vorzustellen: Ganz sicher betrügt er seine Frau, das sieht man schon an den Blicken, die er seiner Sekretärin zuwirft. Seiner Frau ist das wahrscheinlich egal, solange sie im vornehmsten Country Club des Landes verkehren kann, einen Tennistrainer hat (der sie sicherlich nicht nur im Tennis trainiert), in den besten Restaurants essen und mit ihrem Privatjet fliegen kann.

Das war mein Trick: Ich schloss für einen Moment die Augen, beraubte den Mann im Geiste all der schicken Dinge, mit denen er sich umgab, stellte seinen Stuhl niedriger und tat so, als wären die Zahlen an der Schautafel Teil einer Partie Monopoly. Es klappte immer. Sobald ich die Augen wieder aufmachte, sah ich einen alten Mann, der so einen unglaublich dicken Bauch hatte, dass ich mich wundern musste, wie er so viel Fett in seinen einst schlanken Körper stopfen konnte – einen Körper, den er vermutlich seit Jahren nicht mehr trainiert hatte. Stattdessen hatte ihm jemand einen Chip ins Gehirn gepflanzt, der immer wiederholte: Für Geld kann man alles kaufen. Ein alter, fetter Mann ohne Prinzipien und ohne jeden Anstand, ein Mann, der andere wie Dreck behandelt und glaubt, die Wahrheit und vielleicht auch die Welt gehöre ihm allein.

Er tat mir leid. Was für ein verschwendetes Leben! Versteht mich nicht falsch, ich urteilte nicht über *ihn*, sondern über die Gestalt, die sich mit all dieser belanglosen Maskerade umgab, sodass man den Menschen dahinter gar nicht mehr wahrnahm. »Wenn er sich doch nur ab und zu Zeit nehmen würde, an einer Rose zu riechen«, dachte ich.

Wenn dieser Mann dann zu Ende gesprochen hatte, stand ich auf. Ich wusste genau, mit wem ich es zu tun hatte. Ich dankte ihm für seine aufschlussreichen Worte und bat um ein wenig Zeit, damit ich das Projekt neu kalkulieren und gegebenenfalls den Preis senken konnte – das war natürlich nur vorgetäuscht, denn ich kannte unser endgültiges Angebot bereits vor Verhandlungsbeginn. Jedenfalls korrigierte ich ein paar Zahlen und gab einen satten Rabatt auf die ursprüngliche Summe. Als harter Geschäftsmann sagte er mir dann natürlich, dass es immer noch zu teuer sei.

Ich lächelte und sah ihm in die Augen.

»Tja, das ist das beste Angebot, das wir Ihnen machen können. Dafür bauen wir Ihnen ein hochmodernes Stahlwerk und können garantieren, dass Ihre Geschäfte künftig sehr profitabel laufen werden. Sie bekommen das derzeit beste Produkt auf dem Markt zu einem sehr moderaten Preis.«

»Zu teuer! Machen Sie mir ein besseres Angebot!«

Ich setzte mich nicht wieder an den Tisch. Ich räumte meine Stifte, Taschenrechner und Unterlagen zusammen und bat meine Assistenten, das Gleiche zu tun. Wir verabschiedeten uns von allen Anwesenden, am Ende gingen wir zum großen Boss, schüttelten ihm die Hand und dankten ihm für seine wertvolle Zeit. Ich fügte hinzu:

»Wie gesagt, das ist unser bestes Angebot. Wir sind jetzt noch eine Woche hier in der Stadt und nehmen Termine mit anderen Kunden wahr, die auf Kostenplanungen für ihre Bauprojekte warten. Noch einmal vielen Dank, dass Sie uns Ihre Zeit geschenkt haben.«

Ich drehte mich um, bedeutete meinen Assistenten, mir zu folgen, und wir gingen.

»Wie machst du das?«, fragte mich Richard an diesem Abend – mein treuer Assistent und einer der besten Ingenieure, die ich kenne.

»Wie mache ich was?«

»Wie kannst du einen kühlen Kopf behalten, wenn wir damit rechnen müssen, dass uns ein Millionenvertrag durch die Lappen geht?«

»Uns? Du meinst unserer Firma.«

»Das ist doch das Gleiche.«

»Keineswegs.« Ich bestellte den zweiten doppelten Scotch in der Hotelbar und sah meinen Kollegen an. »Überleg doch mal, Richard – was kann schlimmstenfalls passieren?«

»Dass der Vertrag platzt.«

»Und?«

»Dann könnten wir unseren Job verlieren.«

»Und?«

»Was soll dieses ›Und? Und? Und?‹«, regte er sich auf. »Das ist doch kein Spaß!«

Ich nahm einen Schluck Scotch. »Natürlich ist das kein Spaß«, sagte ich. »Sieh es doch mal so: Wir haben alle unsere Trümpfe ausgespielt, wir haben dem Mann das niedrigste Angebot unterbreitet, zu dem wir befugt sind. Wir haben unsere Arbeit erledigt, ganz zu schweigen davon, dass wir uns dieses erbärmliche Alphamännchen anhören mussten, das meint, ihm gehöre die Welt, nur weil es alles, was es besitzt, mit Geld erkaufen konnte. Wenn der Mann das Angebot ablehnt, können wir daran nichts ändern. Und unsere Jobs – kann sein, dass wir sie verlieren, Richard, aber du bist so ein genialer Ingenieur, dass dich jede andere Firma sicherlich mit Handkuss nehmen würde, wenn du rausfliegst. Also denk positiv! Warum sollte der Mann das Angebot nicht annehmen? Wir wissen nicht, was er und seine Mitarbeiter denken und worüber sie jetzt reden. Warum sollten wir uns also Stress wegen etwas machen, das wir nicht beeinflussen können? Wenn der Vertrag nicht zustande kommt, ist das nicht das Ende der Welt, und das weißt du, Richard. Dir wird einfach nur mulmig, weil du Angst vor dem Unbekannten hast.«

»Du hast recht«, sagte er, »es ist nur, weil die Geschäftsleitung so viel Druck macht …«

»Das ist deren Problem, diesen Schuh musst du dir nicht anziehen.«

»Wenn du meinst …« Er fühlte sich noch immer nicht ganz wohl in seiner Haut.

»Na komm, entspann dich. Morgen bekommen wir die Antwort – wie sie auch ausfallen mag.«

»Okay.«

Wir bestellten und noch etwas zu trinken, und danach gingen wir zu Bett. Ich war völlig entspannt …

… so entspannt, dass ich den nächsten Morgen völlig verschlief! Um elf Uhr wachte ich mit fürchterlichen Kopfschmerzen auf. Ich nahm ein paar Aspirin und sprang aus dem Bett. Auf dem Weg zum Bad sah ich, dass jemand einen Umschlag unter der Tür hindurchgeschoben hatte. Ich riss ihn auf.

»Bitte rufen Sie uns an, damit wir für heute Nachmittag mit unseren Anwälten einen Termin vereinbaren und den Vertrag unterzeichnen können. Wir akzeptieren Ihr Angebot.«

Ich lächelte. Bevor ich mich unter die Dusche stellte, rief ich Richard an und überbrachte ihm die gute Nachricht.

Und doch musste ich langsam einsehen, dass die Abgeklärtheit, die ich bei der Präsentation und auch gegenüber meinen Kollegen in der Hotelbar an den Tag gelegt hatte, auch ein hoher Preis dafür war, dass ich meinen »Traumjob« damals angenommen hatte. Ich fühlte mich einsam und gelangweilt; ich vermisste das Wellenreiten so sehr und hatte auch sonst keine Zeit mehr für die Dinge, die ich gern tat. Den wahren Grund, warum ich immer so entspannt war, hatte ich aber noch nicht begriffen: Immer wenn ich unter Druck stand, baute ich mit ein paar Drinks meinen Stress ab.

Leider hatte mir mein Vater nicht gesagt, dass wir genetisch zur Sucht neigen. Ich nehme es ihm nicht übel, denn er kann nichts dafür. Ohne es zu merken, war ich also kurz davor, die Grenze zu überschreiten, an der gelegentlicher Alkoholgenuss krankhaft wird. Ich wurde mit der Veranlagung zum Alkoholismus geboren. Es war nur eine Frage der Zeit, bis mich diese Tatsache einmal einholen würde.

Lieber Daniel,

so hat sich also tiefe Finsternis auf mein Leben gesenkt. Ich begann exzessiv zu trinken.
Zuerst konnte ich diese schreckliche Wahrheit überhaupt nicht akzeptieren – Probleme haben andere, aber ich doch nicht! Aus irgendeinem Grund hielt ich mich damals für unbesiegbar. Wahrscheinlich gelangen alle Menschen irgendwann einmal an diesen Punkt. Wenn unsere ganze Zukunft noch vor uns liegt, glauben wir, das Glück würde ewig auf unserer Seite stehen. Doch die Erfahrung zeigt uns, dass das ein großer Irrtum ist.
Ich habe Dir schon geschrieben, dass mich das Leben vor Herausforderungen gestellt hat. Der Mensch, den ich auf dieser Welt am meisten geliebt habe, starb ganz plötzlich in meinen Armen. Ich erinnere mich daran so deutlich, als sei es erst gestern gewesen, dabei ist es schon dreizehn Jahre her. Wie doch die Zeit vergeht!
Ich hatte gelesen, dass Menschen sterben – bei Verkehrsunfällen, im Krieg, bei Schießereien, im Krankenhaus. Ich erinnere mich auch noch dunkel an das Begräbnis meines Großvaters, näher aber war ich dem Tod bis dahin noch nicht gekommen. Bei meiner Mutter, Deiner Großmutter, war das anders. Sie starb in meinem Beisein, und mir wurde zum ersten Mal bewusst, was beim Sterben wirklich passiert: Die Menschen verlassen

ihren Körper. So empfand ich das bei meiner Mutter. Dennoch betete ich Nacht für Nacht, sie möge zurückkommen und bei mir sein, wenn auch nur noch einmal für einen kurzen Augenblick. Aber sie kam nicht zurück.

Ich werde nie vergessen, wie verlassen ich mich in den darauffolgenden Jahren gefühlt habe. Erst verlor ich meinen Glauben an Gott. Wie konnte Er einen so wertvollen Menschen in so jungen Jahren zu sich holen, anstatt der schlechten Menschen, die Er mit einem langen Leben gesegnet hatte? Ich konnte nicht länger an einen so ungerechten Gott glauben.

Dann fiel ich in eine tiefe Depression, aus der ich jahrelang nicht mehr herauskam. Darüber hinaus trank ich immer mehr, um meinen Schmerz zu betäuben. Das war ein riesiger Fehler, Daniel. Die Werte, auf denen ich versucht hatte ein anständiges Leben aufzubauen, begannen zu verfallen. Es war, als wäre ich in den tiefsten Abgrund der Hölle gestürzt. Ich hatte alle Lebensfreude verloren. Warum sollte ich weiterleben?

Doch wenn ich heute an diese schlimme Zeit zurückdenke, in der ich mir schließlich meine Krankheit eingestehen und Hilfe suchen musste, sehe ich ganz deutlich, was mich am Leben gehalten hat: die Hoffnung. Die Hoffnung, dass sich irgendwann alles wieder zum Besseren wenden würde. Obwohl mein Leben die Hölle war und ich das Licht am Ende des Tunnels noch nicht sehen konnte, wusste ich, dass ich um mein Überleben kämpfen musste. Und wie gesagt: Der einzige Kampf, den man verliert, ist der, den man nicht antritt. Und

der einzige Traum, den man nicht wahr werden lassen kann, ist der, den man aufhört zu träumen.
Als ich wieder einigermaßen objektiv auf diese traurigen Jahre zurückblicken konnte, erkannte ich, dass mir ein fataler Fehler unterlaufen war: Indem ich Gott die Schuld am Tod meiner Mutter gegeben hatte, hatte ich mich selbst zu einem Leben ohne Glauben verdammt. Ich hatte versucht, Gott zu spielen, indem ich ihn verurteilte. Wie arrogant von mir! Für wen hielt ich mich? Doch als der Sturm vorüber war, lernte ich etwas sehr Wichtiges: Demut. Demut macht stark, nicht schwach, Daniel.
Ich brauchte eine Weile, um meine Krankheit anzunehmen, aber am Ende stellte ich mich ihr und rief um Hilfe. Da tauchten am fernen Horizont die ersten Sonnenstrahlen auf. Menschen mit demselben Problem sagten mir, dass ich nicht für meine Krankheit verantwortlich sei, wohl aber für meine Genesung. Ich betete und bat um Demut, bat um Vergebung. Denn wenn Du wirklich demütig bist und um Hilfe bittest, wenn Du eine ausgestreckte Hand nimmst, von der Du spürst, dass sie stark ist und Dich halten kann, ohne Dich fallen zu lassen, dann spürst Du auch, dass die beste Zeit erst noch vor Dir liegt. Trotz des Todes eines geliebten Menschen, trotz Drogen- oder Alkoholmissbrauchs, trotz eines sinnlosen Jobs, trotz einer Krankheit oder eines anderen quälenden, verheerenden Leids – trotz allem weißt Du, dass der Schmerz irgendwann nachlassen muss, weil er einfach nicht noch stärker werden kann, da Du bereits ganz unten angekommen bist. Dann und nur dann erkennst Du, dass Du eine zweite Chance erhältst, Dein

Leben wieder neu aufzubauen, wenn Du es in die Hand nimmst und Dir helfen lässt. Dann verziehen sich die dunklen Wolken, und eine neue Sonne überstrahlt Deine Zukunft. Deine Seele wird neugeboren – wenn Du die Dinge so nimmst, wie sie sind.
Ich erinnere mich noch gut an die Frage, die ich mir wieder und wieder in meinem Kopf stellte, als ich vor vielen Jahren so deprimiert und so einsam war: Was ist passiert? Warum ist es gerade mir passiert?
Als ich dann wieder die Sonne sah und sie die Kälte meiner Tage vertrieb, kam mir ein anderer Gedanke: Warum sollte es mir nicht passieren? Stehe ich etwa über den Gesetzen der Natur? Bin ich so eingebildet zu glauben, im Gegensatz zu allen anderen Menschen sollte ausgerechnet ich von Schmerz, Leid und Sorgen verschont bleiben? Ich begriff, dass Schmerz zum Leben gehört, dass Verzweiflung dazugehört und dass es eben auch dazugehören kann, am Boden zerstört zu sein. Doch das ist keinesfalls das Ende des Lebens – es ist der Beginn von etwas Größerem und sehr viel Wertvollerem.
So wie das Alter nur eine List der Zeit ist, ist der Schmerz ein Aspekt des Lebens. Man kann Glück und inneren Frieden finden, so verloren und allein man sich auch fühlen mag. Die Zeit heilt alle Wunden, Daniel, aber Du musst Geduld haben. Es geschieht nicht in einem kurzen Augenblick oder an einem einzigen Tag, sondern wenn Du am wenigsten damit rechnest. Und dann wird etwas ganz Außergewöhnliches passieren: Du hörst auf, gegen Dein Schicksal anzukämpfen und die Dinge erzwingen zu wollen. Du akzeptierst Dein Leben,

wie es ist, und vertraust darauf, dass sich Deine Bestimmung erfüllen wird. Du erfreust Dich an dem, was das Leben Dir schenkt, und genießt jeden Tag.
Brich Deinen Widerstand und sieh der Wirklichkeit ins Gesicht – nur so wird Dir die Reise zu einem erfüllten Leben gelingen, in dem Du alles Gute, was noch immer in Dir ist, nutzen und all das, was heilbar ist, wiederherstellen kannst. Dazu musst Du Dich aber so annehmen, wie Du bist.
Dann fühlst Du Dich wie neugeboren, Du genießt das Leben, den Augenblick, Du überwindest jede Not auf dem Weg zu Deinem Frieden. Du akzeptierst diese manchmal schmerzliche Welt, wie sie ist, und fragst nicht, wie Du sie haben willst. Der Glaube an Gott – oder wie Du Ihn auch nennen magst – wird alles richten, wenn Du Dich Seinem Willen beugst. So wirst Du nicht nur in diesem Leben glücklich sein, sondern auch im nächsten Leben das höchste, ewige Glück finden.
Sei also bitte vorsichtig, Daniel. Drogen und Alkohol scheinen das Leid und den Kummer des Lebens zu mildern, aber damit riskierst Du, alles zu zerstören. Lebe lieber mit dem Schmerz und stelle Dich ihm. Die Zeit heilt die Wunden Deines Herzens.
Ich war in der Hölle. Dorthin sollst Du mir nie folgen. Der Schmerz ist unerträglich, mein Sohn.

In aufrichtiger Liebe
Sergio

XIII

So ging also mein Leben ein paar Jahre lang weiter.

Wenn ich heute auf diese graue, sinnlose Zeit in meiner Existenz zurückblicke, auf ein Leben, für das ich nicht bestimmt war, umgeben von Menschen, die mir zu meinen »großartigen Erfolgen« gratulierten, dann fühlte ich mich einsamer und verlorener denn je. Ich hatte den wahren Sinn meines Lebens völlig aus den Augen verloren.

Ich kann niemandem die Schuld geben, es war allein mein Fehler. Ich hatte mich ins Hamsterrad begeben und wurde ein Teil des Kreislaufs. Wellenreiten, Sonnenuntergänge zu genießen oder einfach stehen zu bleiben und einen Kolibri zu beobachten war »unwichtig« geworden, das hatte ich schon seit einer gefühlten Ewigkeit nicht mehr getan. Ich war in meinem goldenen Käfig gefangen wie ein Vogel mit gestutzten Flügeln, ich tat Tag für Tag, Woche für Woche, Jahr für Jahr das Gleiche.

Ich bin das lebende Beispiel für einen Menschen, der am Boden lag, der verloren war und in seinem tiefen schwarzen Loch noch immer gegen den Sturm ankämpfte und der sich dann doch noch, als nichts mehr möglich schien, in einem lichten Moment aus der Not rettete, in die er sich selbst gebracht hatte.

Es geschah, als ich in einem Wolkenkratzer in Singapur einen Vertrag abschloss. Wahrscheinlich haben wir alle bestimmte Erinnerungen, die für immer in unserem Gedächtnis gespeichert bleiben. Immer wenn ich an diese wenigen Minuten denke oder darüber spreche, wie sich mein Leben wieder zum Besseren gewendet hat, meine ich, es sei erst heute Morgen und nicht schon vor über zehn Jahren gewesen. Ich kann noch immer die gute, saubere Luft in dem Hotel riechen, sehe noch immer die Farbe an den Wänden des Zimmers. Das Ganze läuft vor meinem geistigen Auge ab wie ein Film:

Ich befinde mich im 22. Stockwerk eines Bürohauses in der Innenstadt von Singapur. Ich bin für eine Woche in die Stadt gekommen, hauptsächlich um einen Vertrag abzuschließen, an dem ich über ein Jahr lang gearbeitet habe. Nachdem ich meine Präsentation fertiggestellt und alle Unterlagen vorbereitet habe, sitzen wir zusammen am Tisch, unsere Firmenanwälte neben mir, uns gegenüber die Anwälte des Kunden, eines Magnaten aus Indonesien. Wir unterzeichnen den Vertrag, den unsere Rechtsabteilung noch einmal vollständig überarbeitet hat, und wenn wir uns vergewissert haben, dass alles in Ordnung ist, kann die Sitzung in einer halben Stunde vorbei sein.

Ich stehe auf, gehe um den Tisch herum, um allen zu danken, und plötzlich passiert es. Als ich zu meinem Stuhl zurückgehe, blicke ich zufällig aus dem Fenster des verglasten Hochhauses. Ich sehe das Meer, wie es bis zum Horizont reicht, und mich überkommt aus meinem tiefsten Inneren ein Gefühl, das ich schon seit Jahren nicht mehr hatte. Ich höre eine Stimme, leise, aber dennoch deutlich, sie kommt aus meinem Herzen:

»Was stellst du mit deinem Leben an, Sergio?«

»Wer spricht da?«

»Du selbst. Dein wahres Selbst. Das Kind, das mit sieben Jahren zum ersten Mal auf einem Surfbrett stand.«

Ich schwitze. Ich löse meine Krawatte. Ich bekomme keine Luft mehr. (Später werde ich erfahren, dass ich eine Panikattacke hatte.)

Ich muss hier raus, der Raum scheint sich zusammenzuziehen, enger, voller zu werden. Ich höre meine Kollegen nicht mehr sprechen, sondern schreien.

Ich brauche Luft, mehr Raum.

Dann vernehme ich die Worte, die diese schöne Stimme spricht und die mein Leben für immer verändern:

»Die Zeit ist jetzt gekommen, Sergio, du weißt es. Du hast die Wahl: Entweder du schließt für den Rest deines Lebens einen Vertrag nach dem anderen ab und lebst ein Leben, das eigentlich nicht für dich bestimmt war, oder du findest zurück zu deinen Wurzeln, zu deinem wahren Kern. Manchmal hat man so eine Erleuchtung nur einmal im Leben. Die Entscheidung liegt ganz bei dir. Jetzt oder nie.«

Der Rest ist vage, ich erinnere mich, dass Richard mit einem Glas Wasser kam und fragte, ob alles in Ordnung sei. Mein Hemd war schweißnass.

Mit letzter Kraft sagte ich zu Richard: »Ich muss hier raus. Kannst du das Meeting bitte an meiner Stelle zu Ende bringen?«

»Klar, wie du willst. Soll ich einen Arzt holen?«

»Nein, bring einfach nur diese Sitzung zu Ende. Bitte! Wir treffen uns in einer Stunde in der Hotellobby.«

»Keine Sorge, Sergio, mach dich ein bisschen frisch, du schwitzt ja fürchterlich!«

Alles Weitere sehe ich nur mehr verschwommen vor mir. Ich schleppte mich irgendwie aus dem Raum und rannte zum Hotel. Ich rannte, so schnell ich konnte. Die Leute glotzten mich an. Ich lief auf eine Hotelangestellte zu und fragte sie nach dem Business Center.

»Geradeaus und an der zweiten Ecke links. Sie stehen dann direkt davor.«

Sie sah mich an. »Alles in Ordnung?«

»Nein, gar nichts ist in Ordnung. Aber danke.«

Ich rannte weiter, es kam mir vor wie eine Ewigkeit, bis ich endlich die Räume fand. Eine schöne Dame bot mir besorgt ihre Hilfe an.

»Danke«, sagte ich. »Ich brauche einen Stift, Papier und ein Faxgerät.«

Im nächsten Moment saß ich auch schon an einem Tisch. Meine Hände zitterten. Ich schlotterte. Ich schrieb ein paar Worte, unterzeichnete und notierte eine Faxnummer auf dem Brief. Dann ging ich wieder zu der Dame.

»Können Sie dieses Schreiben gleich an diese Nummer in Sydney faxen?«, fragte ich.

»Natürlich, Sir. Es dauert nur eine Minute.«

»Würden Sie mir bitte einen Scotch auf Eis bringen lassen, während ich warte?«

»Aber sicher.«

Umgehend brachte eine Kellnerin ein Glas mit Eiswürfeln und eine Flasche Johnnie Walker Blue Label. Sie goss die Flüssigkeit ins Glas.

Ich hörte, wie das Faxgerät arbeitete, während die Kellnerin immer weiter einschenkte. Sie sah mich an, damit ich ihr ein Zeichen gab, wann sie aufhören sollte.

»Machen Sie nur weiter«, sagte ich.

Mit sichtlich besorgter Miene fuhr sie schweigend fort, bis das Glas voll war.

»Bar oder mit Karte?«, fragte sie.

Ich zog einen Hunderter aus der Brieftasche.

»Der Rest ist für Sie.«

Nachdem ich das Glas in einem Zug geleert hatte, kam die Dame aus dem Business Center zu mir.

»Hier ist die Faxbestätigung.«

»Danke.« Ich nahm den Zettel und rannte hinaus. Ich hatte zwar noch immer das Gefühl, keine Luft zu bekommen, aber die Angst verflog langsam. Ich sah mich nach dem Aufzug um. In der Kabine drückte ich den Knopf für das Erdgeschoss. Der Aufzug fuhr schnell, aber ich wollte nur noch raus, ich brauchte mehr Raum um mich herum!

Endlich öffnete sich die Aufzugstür. Ich stürzte aus der Kabine, rannte zum Ausgang und stieß die Glastür des Gebäudes auf. Draußen setzte ich mich auf eine Bank mit Blick auf die Küste von Singapur und das Meer vor mir. Ich fing an zu weinen wie ein kleiner Junge.

In dem Fax hatte ich soeben der Geschäftsleitung meine Kündigung mitgeteilt.

Lieber Daniel,

irgendwie verstehe ich immer noch nicht, wieso wir Menschen immer miteinander wetteifern – in Bezug auf die Größe unseres Hauses, des Wagens, ja sogar wegen unserer Hautfarbe. Das ist der Anfang der Misere. Leute mit einem größeren Haus als der Nachbar halten sich für etwas Besseres – nicht alle, aber die meisten. Ein Arzt ist grundsätzlich besser gestellt als ein Musiker, und am Ende der Leiter steht natürlich der Müllmann. Dann hört man Begriffe wie Kopf- und Handarbeiter, Arbeiter und Angestellte. Der Kopfarbeiter fühlt sich überlegen, weil er mehr Geld verdient, und wer mehr Geld hat, kann sich mehr leisten, kann eine bessere Ausbildung genießen, kann sich ein schöneres Leben machen und in den Urlaub fahren, wann er will …
Ich habe genau vierunddreißig Jahre gebraucht, bis ich begriffen habe, dass das alles gelogen ist. Es sind die Lügen der Erwachsenen. Wenn ich mich verloren gefühlt habe, dann weil ich dieser Minderheit angehöre, die glaubt, die wahren Schätze des Lebens sind die einfachen Dinge. Ich hatte wirklich keinen Spaß daran, ein großes Auto zu fahren, eine teure Armbanduhr zu tragen oder erster Klasse zu fliegen. Nein. Aber die Gesellschaft hat mich so lange bearbeitet, bis ich mitgemacht habe. Und wie einsam war ich doch, Daniel, unter all diesen

Fremden, die eine so andere Sicht der Welt haben als ich! Kolibris beobachten, die Sonne am Horizont versinken sehen, mit Delfinen in den Wellen spielen – das hat mich glücklich gemacht.
Ich werde nie das Gespräch vergessen, das ich später mit einem Freund beim Mittagessen in einem kleinen italienischen Lokal geführt habe:
»Du und deine Delfine!«, sagte er immer. »Du und dein Wellenreiten! Wann wirst du endlich erwachsen? Was hast du denn im Leben vor?«, fragte er.
Die Antwort kam zum ersten Mal, nach all den Jahren, wieder aus meinem tiefsten Herzen:
»Ich weiß noch nicht, was ich mit meinem Leben anfangen will, aber dafür weiß ich ganz genau, was ich nicht will.«
Lebe Dein Leben immer so, wie Du es willst, Daniel. Genau das wird es zu etwas absolut Einzigartigem machen.
Das sagt Dir Dein Vater, der einmal einen großen Fehler begangen hat und ihn korrigieren konnte.
Und apropos Alkohol: Der Whisky, den ich damals in Singapur im Business Center des Hotels getrunken habe, war der letzte Drink in meinem Leben.

Mit aufrichtiger Liebe
Sergio

XIV

Ich blieb noch zwei Tage in Singapur. Zum Glück war Richard dabei.

Nachdem er die Neuigkeit von mir gehört hatte, war er schockiert.

»Was hast du getan?«, fragte er.

»Das hätte ich schon längst tun sollen!«, gab ich zurück. »Was hat es für einen Sinn, so zu leben, wie andere es von mir erwarten, wenn es mir dabei aber nicht gut geht? Meine Vorstellung von Glück hat nichts mit diesem Leben hier zu tun.«

»Warum hast du den Job dann überhaupt erst angenommen?«

»Das frage ich mich auch. Vielleicht weil man mir immer eingeredet hat, dass beruflicher Erfolg zu Wohlstand führen und Geld gegen jeden Schmerz, den man im Leben verspüren kann, immun machen würde. Vielleicht war ich auch nur habgierig. Ich weiß es einfach nicht.«

»Und was hast du jetzt vor?«

»Ich fliege nach Australien zurück, stelle mich dem Druck und dem Gerede der Kollegen und lebe mein Leben so, wie ich es will. Vielleicht nehme ich mir ein Jahr Auszeit, um mich selbst wiederzufinden.«

Nach meiner Rückkehr nach Sydney ging ich sofort ins Büro. Dort sah ich nur sehr wenige lächelnde Gesichter. Die Kollegen sagten, ich solle dringend in London anrufen und mit dem Geschäftsführer sprechen.

»Hallo Bill, hier ist Sergio.«

»Hallo Sergio …«

Es folgte ein langes Schweigen am anderen Ende der Leitung.

Dann: »Bist du dir auch ganz sicher, dass du die richtige Entscheidung getroffen hast?«, fragte Bill.

»Ja.«

»Du bereust es nicht?«

»Ich hoffe nicht. Man lebt doch nur einmal, Bill, und ich möchte die Chance nutzen und in Zukunft meiner inneren Stimme folgen. Und wenn's schiefgeht, ist das allein mein Problem. Es ist schließlich mein Leben.«

Bill lachte.

»Was ist so lustig?«, fragte ich.

»Ich habe immer gewusst, dass das früher oder später passieren könnte. Ich selbst hätte auch schon einmal fast dasselbe getan wie du jetzt. Ich habe nur einfach nicht daran geglaubt, dass du den Mut dazu hättest. Ich bewundere dich, Sergio. Ich kenne viele Leute, die in einem Leben gefangen sind, das sie hassen. Dennoch machen sie weiter, weil sie Angst vor einer Veränderung haben, Angst, ihren Kokon zu verlassen.«

»Danke, Bill!«

»Nichts zu danken, Sergio. Die Zusammenarbeit mit dir war prima, und du hast viele Aktionäre sehr glücklich gemacht. Du hast Großartiges für die Firma geleistet, und dafür danken wir dir. Also lebe dein Leben jetzt nach deiner Fasson. Ich wünsche dir, dass du findest, wonach du suchst. Unsere Türen werden dir immer offen stehen, falls du es dir doch noch anders überlegen solltest.«

»Danke, Bill.«

»Ich wünsche dir ein glückliches, erfülltes Leben, Sergio. Leb wohl!«

Ich brauchte eine Woche, um den ganzen Papierkram zu erledigen, der noch ausstand. Obwohl die meisten Kollegen mich für verrückt hielten, organisierten sie eine Abschiedsparty für mich und wünschten mir alles Gute. Ich gab meinen Lexus und die Schlüssel meiner schönen Villa zurück und zog in den Süden der Stadt in eine kleine Wohnung am Meer, die ich für einen Monat gemietet hatte.

Erst da begriff ich, was ich getan hatte:

Ich hatte zum letzten Mal die unsichtbaren Mauern durchbrochen und war nun auf dem besten Weg, meinen Traum zu verwirklichen.

Doch eines musste ich noch tun. Ich schlug das Telefonbuch auf, suchte die Nummer und wählte. Nach einem kurzen Gespräch dankte ich der Person am anderen Ende und legte auf.

Noch am selben Abend ging ich zu meinem ersten Treffen bei den Anonymen Alkoholikern.

Ein paar Wochen lang surfte ich an den Stränden im Süden von Sydney. Dann wurde mir ein wenig mulmig, und ich dachte noch einmal über alles nach … Es ist ganz normal, dass man unsicher ist, wenn man nicht weiß, was die

Zukunft bringt. Natürlich hatte ich meinen Frieden gefunden – keine Flüge mehr, keine Hotels, keine schicken Essen mit Geschäftspartnern. Am wichtigsten aber war: nie wieder Alkohol. Damit war jetzt Schluss. Die wundervollen Menschen in der Selbsthilfegruppe halfen mir über die ersten harten Monate hinweg. Mit dem Zwölf-Schritte-Programm der Anonymen Alkoholiker lernte ich, das Leben wieder zu genießen. Und während ich ganz langsam innerlich wuchs, verging mir die Lust auf Alkohol.

Mittlerweile ist es schon viele Jahre her, dass ich mein letztes Glas getrunken und mein Problem erkannt und akzeptiert habe: Ich vertrage keinen Alkohol.

Ich fühlte mich wie neugeboren und ich wusste, dass mir die beste Zeit meines Lebens noch bevorstand.

Eines Tages stöberte ich in der Sportabteilung einer Buchhandlung in Sydney. Dabei stieß ich auf das Buch *The Stormrider Guide Europe*, einen Surfführer für die Küsten Europas, und blätterte darin herum. Ich war zwar damals schon weit in der Welt herumgekommen und hatte viele berühmte Surfstrände kennengelernt, aber mit Europa hatte ich mich noch gar nicht beschäftigt. Ich war erstaunt über die tollen Wellen, die es in Nordfrankreich, Spanien und Portugal gibt. Ich bekam Herzklopfen – ein Zeichen, das ich nur allzu gut kannte …

Eine Auszeit?

Neue Surfplätze entdecken?

Die Entscheidung stand fest. Ich wollte für ein Jahr zum Wellenreiten nach Europa reisen und die Kultur dort kennenlernen.

Wo ein Wille ist, ist auch ein Weg … Das hat man mir zum Glück schon als Kind beigebracht.

Was sollte ich alles auf die Reise mitnehmen? Ich wollte mit dem Rucksack umherziehen, aber da ich gern unabhängig bin, würde ich einen Wagen brauchen – vielleicht einen kleinen Campingbus, wo ich auch schlafen, kochen und Musik hören könnte. Ansonsten brauchte ich nur meine beiden Surfbretter, einen Laptop, um meinen Etat zu verwalten, meine treue Gitarre und meine Träume. Mit leichtem Gepäck reise ich am liebsten.

Ich kontaktierte also ein Autohaus in Deutschland, wo man die bekannten Westfalia-Busse bekam: Man kaufte einen Bus als Gebrauchtwagen, nutzte ihn ein Jahr lang, und der Händler kaufte ihn dann zu einem angemessenen Preis wieder zurück.

Ich legte mir außerdem ein Kochbuch zu. Wenn es hier auf Erden einen Ort gibt, wo man nur hundert oder zweihundert Kilometer fahren muss, um immer wieder in eine andere Welt einzutauchen, dann ist das Europa: Croissants und wunderbarer Kaffee in Frankreich, Tapas in Spanien, Pasta in Bella Italia, gesunde Mittelmeerküche in Griechenland … Die Liste ist endlos.

Ich würde mir also ein Sabbatjahr Auszeit in Europa gönnen, interessante Länder entdecken und tolle Wellen reiten. Ich würde es ganz langsam angehen lassen und mein Leben wieder in den Griff bekommen.

Und danach? Das wusste ich nicht. Aber ich stellte fest, dass man immer in einen sicheren Hafen einläuft, wenn man Kurs auf sein eigenes Leben nimmt.

Lieber Daniel,

ich möchte Dir etwas schenken. Aus keinem besonderen Anlass – einfach so, ohne jeden Grund. Warum sollte man immer bis zu einem Geburtstag warten oder bis Weihnachten, wo man doch jeden Tag etwas verschenken kann?
Mein Geschenk an Dich ist mein »Traumwunsch fürs Glück« und mein Leben, wie ich es gelebt habe. Vielleicht kannst Du ja mit den folgenden Gedanken etwas anfangen – was nur möglich ist, wenn Du es selbst willst, Daniel. Ich möchte mit Dir die Erfahrungen eines einfachen Menschen teilen, der seine Träume nie aufgegeben hat:

- *Tu immer, was Dich glücklich macht. Wenn Du, um Dich frei zu fühlen, auf Dein Herz zu hören und Deinen Träumen zu folgen, Dich von ein paar Verhaltens- und Glaubensmustern befreien musst, die man Dir in der Kindheit beigebracht hat, dann tu es bitte.*

- *Sei Dir selbst Dein bester Freund. Im Alleinsein fernab allen Lärms und Rummels wirst Du herausfinden, wer Du wirklich bist. Wenn Du überall auf der Welt – ob in Gesellschaft von anderen oder einfach allein – im Frieden mit Dir bist, dann hast Du etwas erreicht, was nur wenigen vergönnt ist: ein wahrhaftiges Leben auf der Grundlage Deiner eigenen Prinzipien zu führen.*

- *Flieg aus dem Nest, verlass Deinen Kokon, brich auf. Reiße die Mauern nieder, die Du um Dich herum errichtet hast. Sei frei, lass Dich von Deiner Seele zu Deinem Schicksal führen.*

- *Denk immer daran, dass die einzigen Schätze, die Du mitnehmen kannst, wenn Deine Zeit gekommen ist und Du diese Welt verlassen musst, die Erinnerungen an die Träume sind, die Du verwirklicht oder zumindest zu verwirklichen versucht hast. Das Einzige, was Du auf dieser Erde zurücklassen kannst, ist das Gute oder das Schlechte, das Du getan hast, um die Welt besser oder schlechter zu machen. Jeder materielle Besitz ist nur geliehen, solange Du auf Erden lebst, Daniel, vergiss das nie!*

- *Es ist vollkommen gleichgültig, was andere über Dich denken oder sagen mögen. Es ist Dein Leben, und solange Du das Leben der anderen respektierst, musst Du Dir keine Gedanken darüber machen, was andere über Dich erzählen. Klatsch ist unbedeutend. Er fällt nur auf diejenigen zurück, die ihn verbreiten.*

- *Du selbst bist der einzige Mensch, mit dem Du wetteifern solltest, mit niemandem sonst. Versuche jeden Tag ein besserer Mensch zu sein und genieße Dein Leben.*

- *Ich fühlte mich wie neugeboren, als ich auf einmal Worte wie* Hass, Rache, Groll, Rivalität *ausradieren und aus meinem Kopf und meinem Herzen streichen konnte. Ich habe Jahre gebraucht, bis ich diesen wundervollen Satz verstanden habe: »Wenn dich einer auf die rechte Wange schlägt, dann halte ihm auch die andere hin.« Durch Demut habe ich einen Grad an Spiritualität erreicht, den ich bei mir nie für möglich gehalten hätte. Und das ist ausschlaggebend! Probiere es aus, Daniel, es tut gut!*

- *Vergiss nie: Ein Versager ist nicht, wer seine Lebensziele nicht erreicht, sondern wer nie versucht hat, sie zu erreichen. Du lebst nur einmal, mein geliebter Daniel, zumindest auf dieser Erde.*

Lebe!

Dein Freund und Vater
Sergio

XV

Ich kam auf dem Frankfurter Flughafen an, nahm meinen Campingbus in Empfang, reiste durch diesen für mich so neuen Alten Kontinent und fand unterwegs herrliche Surfplätze. Nach acht Monaten hatte ich über zehntausend Kilometer zurückgelegt! Erstaunt musste ich feststellen, dass die schönsten Orte Europas – zumindest für mich – nicht diejenigen sind, die als »Muss« für Touristen gelten. Auch hier hatte es sich wieder gelohnt, ein paar Umwege zu machen – getreu meinem Credo »Warum nicht?«, anstatt Nein zu sagen. Man gelangt an Orte, kleine Juwelen, von denen ich gar nicht gewusst hatte, dass es sie gibt: Paris, London, Berlin, Rom – wunderbare Städte mit Museen, Kirchen und allem, was dazugehört – kein Zweifel. Aber letztendlich sind es eben nur Städte ...

Für mich waren die Wellen der absolute Wahnsinn. Biarritz und Hossegor in Südwestfrankreich, die Costa Verde in Nordspanien; die legendären Wellen von Mundaka im Baskenland und auch die weichen, sanften Wellen in der Nähe von Tarifa in Andalusien. Ich traf Surfer von überallher, Surfer in jedem Alter, die genauso umherreisten wie ich, »Soul Surfer«, die alles hinter sich gelassen hatten, um das zu tun, was sie am meisten lieben: über eine wogende Wasserwand zu gleiten. Ich hatte das

Gefühl, wieder zu meinem Stamm zurückgefunden zu haben, dem Stamm, zu dem ich gehöre.

Irgendwann werde ich zurückkommen, und ganz sicher besuche ich dann noch einmal den Mont Saint-Michel vor der normannisch-bretonischen Küste, die Amalfitana in Süditalien, Assisi im umbrischen Apennin, die üppigen grünen Wälder in Nordspanien, Biarritz in der Biscaya und die Römerstraße Neckar-Alb-Aare – all diese Orte werden mir unvergesslich bleiben.

Nach neun Monaten in Europa und bei seinen wundervollen Menschen ging meine Reise langsam zu Ende.

Mein letztes Ziel war Portugal. Ich hatte dafür eine Woche eingeplant, wollte die Wellen und die wunderschöne Hauptstadt Lissabon kennenlernen.

Doch ich verliebte mich so in das Land, die Leute und die Wellen, dass ich am Ende drei Monate blieb. Und da begann sich mein Leben wirklich zu verändern, auch wenn ich das damals noch nicht wusste. Wieder gab mir das Meer die Antwort – und Lissabon am Tejo ist die einzige Hauptstadt in Südwesteuropa, die ganz nah am Meer liegt …

Zufall? War es ganz einfach nur ein Zufall, dass ich mich dort so wohlfühlte?

Nein.

Aber das ist mir erst heute richtig bewusst.

Etwa dreißig Kilometer westlich von Lissabon, am Rande des Nationalparks Sintra-Cascais, liegt ein idyllischer

Campingplatz. Zum »Camping Orbitur« gelangt man von der Hauptstadt aus über die malerische Avenida Marginal, die sich an der Küste entlangschlängelt, wo die Wellen des tosenden Nordatlantiks an die Felsen branden. Der Campingplatz befindet sich mitten in einem Pinienwald – die *pinheiros* stehen hier so dicht aneinandergedrängt wie in einem Urwald – direkt hinter der berühmten Praia do Guincho, einem breiten, weiten Sandstrand, der weltweit als Paradies vor allem für Windsurfer, aber auch für leidenschaftliche Wellenreiter gilt. In der Ferne, hoch oben in den grünen Hügeln der Serra, kann man das Städtchen Sintra erahnen, einst Sommersitz der Könige von Portugal. Der prächtige Palast mit seinen auffälligen konischen Schornsteinen wurde im achten Jahrhundert von den Mauren erbaut und ist stiller Zeuge einer Zeit, als die Iberische Halbinsel unter arabischer Herrschaft stand, bevor sie während der Reconquista, die schließlich zu den Kreuzzügen führte, wieder in die Hände der Christen gelangte.

Guincho ist ein Ort mit einer ganz eigenen Ausstrahlungskraft. Tagsüber sah ich die tiefblauen Atlantikwellen den hellen Sand des kilometerlangen Strandes säumen, und nachts blies der Wind manchmal so heftig, dass ich meinte, mein Bus würde umkippen. Die Parzellen auf dem Campingplatz waren aber gut genug vor den starken Winden geschützt.

»Camping Orbitur« wurde gewissermaßen das Basislager für meine Ausflüge zu den besten Wellen ganz Europas. Von Peniche, etwa hundert Kilometer nördlich von Guincho an der Costa de Lisboa, bis hinunter zu den in der

Nähe von Lissabon gelegenen Stränden der Costa do Sol, wie Carcavelos und São Pedro do Estoril, war Portugal ein Traum für Wellenreiter. Irgendwo fand man immer tolle Wellen! Und wenn sie zu hoch wurden, fuhr man an die »Hausstrände« der Hauptstadt, die durch ihre Lage an der Tejomündung nach Süden hin von den starken Atlantikstürmen geschützt sind. Während ich surfte oder bei totaler Windstille im glasklaren Wasser paddelte, begann ich mich zu erinnern, wie alles angefangen hatte. Wenn ich aus dem Wasser kam und mich abtrocknete, sah ich Kinder und Jugendliche ganz aufgeregt an den Strand kommen. Sie wollten nach der Schule noch ein paar Wellen erhaschen, bevor die letzten Sonnenstrahlen vom Horizont verschluckt wurden. Ganz genauso hatten es damals meine Freunde und ich in Lima gemacht!

Zu diesem Zeitpunkt hatte ich schon beschlossen, dass ich mich nach meiner Rückkehr in Australien nach einem Job umsehen würde, bei dem ich von zu Hause aus arbeiten könnte. Ich würde sehr wahrscheinlich weniger Geld verdienen, dafür aber das Wertvollste zurückbekommen: Zeit, um mein Leben zu genießen.

Mein Aufenthalt in Portugal entwickelte sich zu einem wundervollen Abenteuer. Jeden Tag surfte ich an einem anderen Strand. Ich kaufte auf dem Markt frisches Gemüse und andere Lebensmittel und bereitete mir alles in der Kochnische meines treuen Campingbusses zu. Ich drückte das Aufstelldach hinauf und öffnete alle Fenster und Türen, um den Eindruck von mehr Raum zu schaffen. An eines der Seitenfenster hatte ich ein kleines Plakat mit einem Zitat von Konfuzius geklebt:

Mein Haus ist sehr klein, aber seine Fenster öffnen sich auf eine große und wundervolle Welt.

Ich las es jeden Tag und dankte dem Leben dafür, dass es mir eine zweite Chance und die Kraft gegeben hatte, die Regeln zu brechen, die unsichtbaren Mauern zu überwinden und mein Leben so zu leben, wie ich es wollte.

Wie gesagt, ich nahm nur meine beiden Surfbretter, meine Gitarre und meinen Laptop mit nach Europa. Mithilfe des Laptops wollte ich meine Ausgaben kontrollieren und sichergehen, dass das Ersparte ein Jahr lang für mich reichen würde.

Vor meiner Abreise aus Sydney hatte ich meinen gesamten materiellen Besitz an wohltätige Einrichtungen gespendet. Die Leute hielten mich für verrückt, aber für mich wäre es zu einfach gewesen, durch Europa zu reisen und dann mit der Sicherheit nach Australien zurückzukehren, dass ein gemachtes Nest und ein gefülltes Bankkonto auf mich warten. Wenn ich wirklich zu meinen Wurzeln zurückfinden wollte, müsste ich anfangen zu graben.

Also gab ich alles weg und behielt nur so viel Geld, wie ich brauchte, um den Campingbus und die Flugtickets zu bezahlen und ein Jahr lang zu reisen. Jeden Abend trug ich meine täglichen Ausgaben in eine Tabelle ein: Benzin, Essen und das eine oder andere Extra. So hatte ich die Kontrolle über mein Budget, das für meinen ganzjährigen Aufenthalt in Europa reichen musste.

Doch für die, die ihrem Herzen und ihren Träumen folgen, hält das Leben immer ein paar unverhoffte Überraschungen bereit.

Es geschah am Morgen eines strahlend sonnigen Tages, als ich in Guincho surfte. Ich erwischte eine Welle und ritt sie. Plötzlich tauchte neben mir eine schwarze Gestalt auf. Mein erster Gedanke: »Ein Hai!«, denn das Wasser im Nordatlantik ist normalerweise zu kalt für Delfine. Ich glitt von der Welle, setzte mich aufs Brett und zog die Knie an.

Dann kam das Tier zurück: Es war ein süßer Delfin. Er umkreiste mich, als wollte er sagen: »Lass uns spielen.« Also wartete ich auf die nächste Welle, und schon schwamm der Delfin wieder vor mir. Wir beide genossen diesen Moment wie Kinder: Wir waren glücklich um des Glückes willen.

Drei Tage und zwei Nächte surfte ich mit diesem wunderbaren Delfin an meiner Seite. Bei Vollmond nachts auf dem Meer zu sein ist ein unvergleichliches Erlebnis, das mich noch heute bezaubert. Am Schillern des Wassers konnte ich sehen, wann eine Welle kam, und wenn ich eine erwischte, war dieses wundervolle Geschöpf neben mir; es hatte beschlossen, mir Gesellschaft zu leisten, es sprang hinter mir in die Welle und tauchte vor mir wieder auf. Diese Augenblicke voller Lebensfreude, wenn man sich so lebendig wie nur möglich fühlt, sind nur mit zwei anderen verrückten Abenteuern zu vergleichen, die ich im Lauf meines Lebens unternommen habe: Ich verbrachte eine Woche in den schneebedeckten Bergen des Himalaja, und ich schlief eine Nacht im Eremo delle Carceri, einer Kartause in einer Waldschlucht hoch oben am Monte Subasio, die der heilige Franz von Assisi aus Fels und Stein erbaut hatte. Das sind die Momente im Leben, die einen so tief berühren, dass man ganz einfach glücklich sein muss! Und genau danach habe ich mich gesehnt. Doch so wie ich im Himalaja wieder ins Tal absteigen musste, um nicht zu erfrieren, oder den Eremo verlassen musste, bevor die Polizei mich erwischte, genauso verschwand auch dieses wunderbare Wesen wieder: Nach drei Tagen und zwei Nächten, die wir gemeinsam in den Wellen verbracht hatten, sah ich den Delfin eines Nachmittags einfach davonschwimmen. Er konnte tun und lassen, was er wollte. Dazu war er auf dieser Welt. Genau wie ich.

Ich brannte noch lange vor Glück, nachdem ich mich von meinem wundervollen Surfpartner verabschiedet hatte. Ich sah ihn nie mehr wieder. Aber ich war von neuer Energie und Lebenslust erfüllt. Allein schon diese drei Tage waren die lange Reise wert gewesen! Ich fühlte mich als Teil des Geschehens und war nicht nur außenstehender Beobachter – das war der entscheidende Unterschied.

Wie immer klappte ich am Abend den Laptop auf, um meine Ausgaben aufzulisten.

Und da geschah es …

Nachts bei Vollmond in einem Pinienwald hinter einem Traumstrand bei Lissabon in einem kleinen, alten Campingbus nur im Licht des Monitors und im Mondschein platzte der Knoten. Plötzlich verspürte ich den Drang, zu schreiben, also schrieb ich. Was in den darauffolgenden Wochen geschah, kann ich noch immer nicht ganz begreifen: Drei Wochen lang schrieb ich Abend für Abend, nachdem ich den ganzen Tag auf dem Meer verbracht und nur eine Pause zum Essen oder für ein Nickerchen gemacht hatte. Ich las mir noch nicht einmal durch, was ich geschrieben hatte, die Gefühle flossen einfach aus meinem Inneren direkt in meine Finger und verwandelten sich mithilfe der Tastatur in Wörter auf einem Computerbildschirm.

Einundzwanzig Abende in Folge schrieb ich ununterbrochen, bis ich fertig war. Ich hatte das Gefühl, alles gesagt zu haben, was ich zu sagen hatte. Dann weinte ich wie ein Kind, denn ohne es zu merken, hatte ich auf einmal den Staub weggeblasen, der meine Seele so viele Jahre bedeckt hatte. Endlich hatte ich den Schlüssel gefunden, der mir die Tür meines goldenen Käfigs öffnen würde, in den ich mich freiwillig hatte einsperren lassen. Endlich konnte ich raus und die Welt wieder mit meinen eigenen Augen sehen. Endlich war ich frei. Es war die Morgenröte eines neuen Tages, eines neuen Lebens. Endlich …

Mein lieber Sohn,

willst Du wissen, was ich noch auf meiner Lebensreise gelernt habe?
Es ist niemals zu spät, noch einmal von vorne anzufangen, ob Du nun zehn, zwanzig oder sechzig Jahre alt bist oder noch älter. Deine Seele kann immer wiedergeboren werden, Daniel. Es gab Momente in meinem Leben, da fühlte ich mich furchtbar einsam und hätte fast meine Träume verraten. Ich war so müde, gegen den Strom zu schwimmen und anders zu denken als die anderen, nur weil ich mir selbst geschworen hatte, mein Leben auf allgemeingültigen Prinzipien und nicht auf Traditionen aufzubauen. Das kann manchmal richtig hart sein, weil da draußen niemand ist, der Dir den Weg zeigt und Dich zur Erfüllung Deines Schicksals führt. Nur in Deinem festen Willen, im Glauben an Deine Träume und in der Liebe zu allem, was Dir teuer ist, wirst Du jene Kraft finden, die Dich in Deinem Streben voranbringen wird. Dein Verstand kann Dir dabei Dein bester Freund oder aber Dein schlimmster Feind sein. Er kann Dir Streiche spielen, wenn Du am wenigsten damit rechnest, und kann versuchen, Dich zur Umkehr zu bewegen. Außerdem können Depressionen oder eine Suchtkrankheit Dein Denkvermögen stark beeinträchtigen, sodass Du vergisst, was Du Dir eigentlich vorgenommen hast: den

Sinn Deines Lebens zu finden, indem Du Deinen Träumen folgst.
Doch wenn Du Dein wahres Selbst, Dein eigentliches Wesen nicht verrätst – in meinem Fall ist es das Bild eines fünfjährigen Jungen, der auf den Klippen sitzt, in die Brandung blickt und mit seinem Herzen dem Flüstern der salzigen Brise lauscht –, dann schaffst Du es. Bleibe Deinen schönen, längst vergangenen Erinnerungen treu, Daniel, bewahre in Dir das Wunder eines Kindes, für das nichts unmöglich ist und das auf die Welt gekommen ist, um sein eigenes Leben zu leben. Verliere nie das Leuchten in Deinen Augen, das direkt aus Deiner Seele strahlt. Und sollte es Dir einmal abhanden kommen, dann kämpfe darum, es wiederzufinden.
Alle Wege des Lebens stehen einem unvoreingenommenen Wesen und einem großen Herzen immer offen – das ist freier Wille in seiner gesamten Reinheit. Aber ich will Dir nichts vormachen, Daniel, denn es kann wirklich schwer werden. Doch wenn Du Dein Ziel vor Augen behältst, wenn Du Deiner inneren Stimme folgst und jung bleibst im Herzen, dann, ja dann wirst Du Dein Ziel erreichen und noch viel mehr … Ich trage viele Narben an meinem Körper und meiner Seele. Sie beweisen mir, dass ich mein Bestes gegeben habe. Und für einen bescheidenen Menschen wie mich ist das genug.

Mit Licht und Liebe
Dein Sergio

XVI

Ich kehrte nach Australien zurück und fand den erhofften Job. Ich wurde Vertriebsleiter und konnte zu Hause arbeiten. Ich zog in eine gemütliche kleine Wohnung am Strand von Cronulla ganz im Süden von Sydney und in der Nähe meiner Lieblingssurfplätze. Ich war im Einklang mit mir selbst.

In Cronulla hatte ich zwei wundervolle Freunde.

Sie lasen, was ich in Portugal geschrieben hatte, und es schien ihnen zu gefallen. Ich hingegen hatte es seitdem nie wieder gelesen.

»Was du da geschrieben hast, ist wirklich gut, Sergio. Willst du nicht versuchen, das Manuskript bei einem Verlag unterzubringen?«

»Nein, ich habe es nur für mich geschrieben. Ich denke nicht, dass das jemand verstehen würde. Es ist sehr persönlich.«

Und so endete das Gespräch. Doch ich wusste nicht, dass meine Freunde schon einen Plan ausgeheckt hatten …

An einem Montagmorgen – ich erinnere mich, dass ich zu Hause in meinem Büro mit Blick auf das herrliche Meer arbeitete – klingelte plötzlich das Telefon.

»Ja?«

»Spreche ich mit Sergio Bambaren?«

»Ja, das bin ich.«

»Ich arbeite bei Random House. Wir haben Ihr Manuskript gelesen und würden uns gern mit Ihnen darüber unterhalten. Könnten Sie sich vorstellen, es bei uns als Kurzgeschichte zu veröffentlichen?«

Ich wusste nicht, was ich sagen sollte.

»Was denn für ein Manuskript?

»Na, Sie haben es uns doch geschickt ...«

»Ich habe niemandem ein Manuskript geschickt ...«

Und dann fiel der Groschen. Meine beiden Freunde hatten Kopien an verschiedene Verlage geschickt, ohne mich zu fragen.

»Gut, prima! Ich kann morgen zu Ihnen kommen, wenn Ihnen das passt.«

Wir verhandelten, und zwei Wochen später unterschrieb ich bei Random House Australia einen Autorenvertrag für *The Dolphin – Story of a Dreamer.* Ich war glücklich. Nicht weil meine kleine Geschichte nun als Buch erscheinen würde, sondern weil ich damit die Möglichkeit bekam, mit anderen Menschen den Zauber zu teilen, den ich erlebt hatte.

Doch selbstverständlich denken nicht alle so wie ich, und als ich von meiner Lektorin die redigierte Fassung bekam, war ich entsetzt.

Ich rief sie sofort an.

»Hier spricht Sergio.«

»Hallo Sergio. Schön, von Ihnen zu hören. Haben Sie die lektorierten Seiten bekommen?«

»Ja, aber um ganz ehrlich zu Ihnen zu sein: Das habe ich nicht geschrieben.«

»Ich weiß, wir haben ein paar Veränderungen vorgenommen. So wird es besser funktionieren.«

»Aber das ist nicht das, was ich geschrieben habe«, beharrte ich.

Ich hörte ihre entschlossene Stimme am anderen Ende der Leitung: »Ich weiß, Sergio. Aber mit diesen Korrekturen wird es sich besser verkaufen, glauben Sie mir.«

Als ich an einem Regentag in Singapur meine Stelle gekündigt hatte, hatte ich mir selbst drei Versprechen gegeben: Ich würde nie wieder eine Krawatte tragen, nie wieder eine Armbanduhr, und ich würde nie mehr meine innere Stimme überhören. Aber versteht mich bitte nicht falsch – das ist meine ganz persönliche Entscheidung. Wenn jemand gern eine Krawatte oder eine Uhr trägt, dann soll er das ruhig tun.

Ich sagte zu meiner Lektorin, ich würde sie am nächsten Tag noch einmal anrufen, und dann tat ich das, was ich immer tue, wenn ich eine schwere Entscheidung treffen muss: Ich ging abends an den Strand, setzte mich in den feuchten Sand, meditierte und ließ die Stimme meines Herzens sprechen. Ich kannte die Antwort schon, aber ich musste sie direkt am Meer noch einmal aus meinem Inneren hören.

Am nächsten Morgen rief ich im Verlag an. »Sergio?«

»Margaret, ich habe mich entschieden. Entweder Sie veröffentlichen die Geschichte in meiner ursprünglichen Version, oder ich muss leider aus dem Vertrag aussteigen.«

»Sie machen einen großen Fehler, Sergio. *Wir* sind die Experten auf diesem Gebiet, *Sie* haben keine Ahnung vom Buchmarkt!«

Die gleichen Worte, nur in einer anderen Branche …

»Tut mir leid«, sagte ich, »aber meine Entscheidung steht fest.«

»Das werden Sie eines Tages sicherlich bereuen, Sergio.«

»Kann sein. Aber dann bin ich wenigstens selbst daran schuld.«

Der Vertrag mit Random House war also geplatzt. Doch meine Freunde, zwei Engel auf Beinen, meinten zu mir:

»Wenn Random House in deinem Manuskript Potenzial gesehen hat, dann lass es uns doch einfach im Selbstverlag herausgeben, und zwar genau so, wie du es geschrieben hast.«

Ja, warum eigentlich nicht?, dachte ich.

Wir druckten eine Erstauflage von fünftausend Exemplaren. Zu unserer Überraschung war die Auflage in nicht einmal einem Monat vergriffen. Nach einem Jahr hatten wir über hunderttausend Bücher in Australien verkauft. Und ohne dass ich es wusste, gelangte das Bändchen bei der Frankfurter Buchmesse in die Hände verschiedener Verlage. Plötzlich bekam ich Anrufe und Faxe von spanischen, italienischen, deutschen Verlagen …

Das war im November 1996.

So wurde ich Schriftsteller.

Mein geliebter Daniel,

ja, ich habe meine Lektion gelernt und sie in die Praxis umgesetzt. Man hatte mir eingetrichtert, dass ich so schnell wie möglich Karriere machen sollte, um mir alles kaufen zu können, was ich will. Und wenn ich dann alles hätte, würde ich mich den meisten anderen Menschen überlegen fühlen, ich wäre wichtiger, angesehener, glücklicher. Das nennt man Erfolg.
Doch mich haben Geld, Macht und Arroganz in ein schwarzes Loch gestoßen, aus dem ich zum Glück wieder herausfand. Ich sage ja nicht, dass es schlecht ist, schöne Dinge zu besitzen, Daniel – wenn Du das willst, dann nur zu. Ich kann nur für mich sprechen.
Dennoch denke ich, dass ich ein klein wenig im Vorteil bin, denn im Gegensatz zu vielen anderen Menschen habe ich beide Seiten der unsichtbaren Mauer kennengelernt. Auf der einen Seite sind Deine Träume und die Stimme Deines Herzens, auf der anderen Seite warten finanzieller Aufstieg und ein Kokon voller materieller Dinge, die Dir Deine kostbare Zeit rauben, wenn Du sie nicht verlieren willst. Vielleicht sind viele Menschen ja glücklich in ihrem Kokon, und das ist auch gut so. Aber ich könnte so nicht leben. Unterschiedliche Menschen haben unterschiedliche Ziele im Leben. Wir haben nicht das Recht, über andere zu urteilen, Daniel, nur über uns selbst.

Und dann sind da diese Leute, die Dich nie aus den Augen lassen, die nur darauf warten, dass Du einen Fehler begehst. Dann können sie sich gut fühlen in ihrem vorgefertigten Leben.
Einmal wurde ich nach einer Lesung gefragt:
»Sie sagen, dass man seinen Träumen folgen und sein eigenes Leben leben muss. Aber mit Ihren Bestsellern verdienen Sie jetzt ja wohl mehr Geld denn je!«
»Stimmt«, sagte ich, »aber dass Sie mir so eine hinterhältige Frage stellen, zeigt, dass Sie nicht wissen, dass über neunzig Prozent meines Honorars an Stiftungen, Hilfs- und Wohltätigkeitsorganisationen gehen. Ich behalte davon nur so viel, wie ich brauche, um nicht in finanzielle Not zu geraten, und ich brauche wahrlich nicht viel – das eine oder andere Surfbrett, eine kleine Wohnung mit Blick aufs Meer, meine alte Gitarre, einen gebrauchten Geländewagen, damit ich zu den Stränden fahren kann, wo ich surfen und mit Delfinen und Walen schwimmen kann, und einen kleinen Laptop, auf dem ich niederschreiben kann, was ich fühle.«
Ich blickte dem Journalisten in die Augen und fügte hinzu:
»Ach ja – und dann habe ich natürlich noch Dutzende, wenn nicht gar Hunderte von Träumen und wundervollen Erinnerungen an Orte, die ich gesehen, Menschen, die ich getroffen habe, und an Tausende Wellen, die ich noch immer auf dem Meer und in meinem Herzen reite. Aber die nehmen ja nicht viel Platz weg – ich reise gern mit leichtem Gepäck.«

Ich liebe Dich so sehr, Daniel, ich liebe Dich mehr, als Du Dir je vorstellen kannst!

Sergio

Nachwort

Am 9. November 2009 fand in ganz Lateinamerika die Premiere meines Films statt. Ein voller Erfolg. Der Verleih, Twentieth Century Fox, hatte außerdem die Rechte für Nordamerika gekauft, und unsere Agentur Celluloid Dreams hatte schon die meisten Rechte für die anderen Länder und Kontinente verkauft. Dann verkündete Twentieth Century Fox: »*The Dolphin – Story of a Dreamer* wurde zusammen mit zwanzig anderen Animationsfilmen in der Kategorie ›Bester animierter Spielfilm 2009‹ für die Academy Awards of Merit nominiert.« Damit waren wir im Rennen um den Oscar …!

Wenn ich also irgendwann noch einmal das Wort »unmöglich« höre, dann spricht derjenige mit mir in einer Fremdsprache, die ich nicht verstehe. »Unmöglich« gibt es nicht. Es gibt nur Leidenschaft für alles, was man tut, Glaube, harte Arbeit und Beharrlichkeit, dann kommt alles wie von selbst.

Sonntagabend, 1. Dezember 2009. Ich komme gerade aus dem Kino, ich habe mir *The Dolphin* angesehen. Heute ist mein Geburtstag, ich bin neunundvierzig Jahre alt geworden. Unglaublich, wie schnell die Zeit vergeht! Aber das stört mich nicht.

Ich habe mir unseren Film heute angeschaut, weil es wahrscheinlich die letzte Möglichkeit war, ihn in Lateinamerika auf Großbildleinwand zu sehen. Ich möchte nicht unbescheiden sein, aber das Kino war voll bis auf den letzten Platz. Als ich bemerkte, wie sehr die Kinder sich freuten und lachten und dass auch viele Erwachsene die Szenen aufmerksam verfolgten, die an sie gerichtet waren, wusste ich, dass wir unser Ziel erreicht hatten: Wir konnten eine Saite in ihrem Herzen anschlagen. Vielleicht denken sie über ihr Leben nach, wenn sie aus dem Kino kommen oder sich die DVD ansehen. Wer weiß? Vielleicht konnten wir in ihrem Herzen ein kleines Fenster öffnen und ihnen zu der Einsicht verhelfen, dass es viele Wege gibt, sein Leben zu leben, aber dass es wahrscheinlich noch viel wichtiger ist, seinen eigenen Weg zu gehen. Ich sehe die Zweifel in ihren Augen – was sie gerade gesehen und gehört haben, hat sie ein wenig verunsichert. Genau das hatten wir vor!

Twentieth Century Fox ist sehr glücklich über die Zusammenarbeit mit unserer kleinen Produktionsgesellschaft, die »Dolphin Films« heißt, von den Mitarbeitern aber nur »Dreamer's Club« genannt wird. Twentieth Century Fox hat das Vorrecht erworben, die Fortsetzung des Films weltweit zu verleihen.

Nach drei Jahren harter Arbeit sind wir nun endlich im sicheren Hafen eingelaufen.

Mich aber macht glücklich, dass ich etwas mit anderen teilen konnte, ihnen etwas geben konnte, ohne dafür etwas haben zu wollen, und das ist das schönste Geschenk, das es gibt.

Mein lieber Sohn,

nichts ist unmöglich, wenn Du Dein Leben lebst. Verliere nie das Lächeln, mit dem Du jeden Morgen erwachst. Verliere nie den strahlenden Glanz in Deinen Augen, der direkt aus Deiner Seele kommt. Egal, was Du mit Deinem Leben anfangen willst, Deine Mutter und ich werden immer für Dich da sein, in guten wie in schlechten Zeiten. Wenn dann die Zeit gekommen ist und Du Deine eigenen Flügel ausbreitest, dann werden

wir uns verabschieden und Dir sagen, dass Du ein Nest hast, in das Du jederzeit zurückkehren kannst.
Ich habe Dich dabei beobachtet, wie Du oft stundenlang aufs Meer hinaussahst. Genau wie ich. Ich sehe, dass Dir die einfachen Dinge des Lebens Freude bereiten, und wenn es das ist, was Du willst, dann wirst Du es auch bekommen. Du musst dazu nur die berühmte Mauer durchbrechen. Aber pass auf, mit welchen Augen Du auf die Welt blickst, denn die Welt wird immer genau so aussehen, wie Du sie Dir ausmalst.
Der Sommer kommt, Deine Mutter will Dich zu einem Schwimmkurs anmelden. Mal sehen, wie es Dir gefällt! Vielleicht willst Du eines Tages auch übers Meer gleiten und dabei Deinen Träumen folgen. Wer weiß das schon? Ich hoffe nur, das Leben erlaubt mir, Dich glücklich und in Frieden heranwachsen zu sehen. Ich will versuchen, Dir dabei zu helfen, indem ich Dir ein paar Prinzipien mit auf den Weg gebe; auch dass es Mut, Beständigkeit und Glauben braucht, um seine Ziele zu erreichen.
Doch von allen Geschenken, die ich Dir geben kann, um aus Deinem Leben ein Lied der Freude zu machen, ist dieses Büchlein das beste: meine Erfahrungen als Weltenbummler – fast fünfzig Jahre, in denen ich durch mein eigenes Leben, durch alles Gute und alles Schlechte, gereist bin.
Ich wünschte mir, dass Du auf dieses Buch immer genauso achtgibst wie auf Deine leere Shampooflasche, die Du so liebst. Denn wenn Du lesen kannst, wirst Du darin die Geschichte eines ganz einfachen, bescheidenen Menschen finden, der seine Träume nie verraten hat,

der Fehler gemacht und daraus gelernt hat. Und wenn ich das geschafft habe, dann kann das jeder. Noch eins, mein Kind: Bereue nie etwas. Nie.

Mit all meiner Liebe, ich liebe Dich, wo auch immer Du bist und wo auch immer ich gerade bin.

Sergio

Sergio Bambaren –
Die Geschichte eines Träumers

Sergio Bambaren Roggero wurde am 1. Dezember 1960 in Lima, Peru, geboren, wo er die britische Highschool absolvierte. Bereits von frühester Kindheit an war er fasziniert vom Ozean, der untrennbar mit dem Stadtbild Limas verbunden ist. Diese Liebe zum Wasser sollte ihn für den Rest seines Lebens entscheidend prägen und ihm unter anderem den Anstoß geben, sich auf das Abenteuer eines Lebens als Schriftsteller einzulassen.

Seine Freude am Reisen und seine Begeisterung für andere Länder führten Bambaren in die USA, wo er an der Texas A&M University Chemotechnik studierte, ein Gebiet, das ihn sehr interessierte – doch seine große Liebe war und blieb der Ozean. Um so oft wie möglich seiner Leidenschaft, dem Surfen, frönen zu können, reiste er mit Vorliebe in Länder wie Mexiko, Kalifornien oder Chile.

Schließlich entschied Bambaren sich, nach Australien, genauer, nach Sydney, auszuwandern, wo er als Verkaufsleiter arbeitete. Auch von der neuen Heimat aus unternahm er viele Reisen, unter anderem nach Südostasien und an die afrikanische Küste – immer auf der Suche nach der perfekten Welle.

Nachdem er einige Jahre in Sydney gelebt hatte, legte Bambaren ein *sabbatical* ein, um nach Europa zu reisen.

In Portugal schließlich, an einem herrlichen Strand, eingerahmt von Pinienwäldern, fand Bambaren einen ganz besonderen Freund und erkannte, welchen Weg im Leben er zu gehen hatte: Ein einsamer Delfin inspirierte ihn dazu, sein erstes Buch zu schreiben: *Der träumende Delphin. Eine magische Reise zu dir selbst.*

Als er wieder nach Sydney zurückkehrte, erhielt Sergio Bambaren ein Angebot von Random House Australia, sein Buch zu verlegen, doch er schlug es aus, da er das Gefühl hatte, die Änderungen, die der Verlag vornehmen wollte, würden den Inhalt und die Botschaft seines Buches zu stark verändern. Er entschied sich 1996, sein Buch im Selbstverlag herauszubringen.

Dieser Entschluss veränderte Sergio Bambarens Leben grundlegend: Er verkaufte in Australien mehr als 60 000 Exemplare von *Der träumende Delphin.* Der Traum, ein Leben als Schriftsteller zu führen, begann endlich Gestalt anzunehmen.

Der träumende Delphin wurde bis heute in fast 30 Sprachen übersetzt, unter anderem ins Russische, Kantonesische und Slowakische. In Deutschland steht der Titel seit Jahren immer wieder auf der Bestsellerliste und wurde fast 1,4 Millionen Mal verkauft. Ähnlich gute Ergebnisse erzielte er auch in Lateinamerika und Italien.

Ebenso begeistert wurden auch seine anderen Bücher aufgenommen: *Ein Strand für meine Träume, Das weiße Segel, Der Traum des Leuchtturmwärters, Samantha, Die Botschaft des Meeres,* das Weihnachtsmärchen *Stella, Die Zeit der Sternschnuppen, Der kleine Seestern, Die Rose von Jericho, Die Blaue Grotte, Die Bucht am Ende der*

Welt und *Die Heimkehr des träumenden Delphins* wurden in vielen Ländern zu großen Erfolgen.

Immer wieder hat Sergio Bambaren Europa bereist. Er besuchte Holland, Sardinien und Süditalien und hielt sich dabei auch in Ischia auf, wo die größte Delfin-Forschungsstation im Mittelmeerraum beheimatet ist.

Mehrfach besuchte er auch Deutschland und Österreich. Den krönenden Abschluss seines Europaaufenthalts 2005 bildete eine erfolgreiche Signiertour durch Österreich und Deutschland. Die auf dieser Reise gewonnenen Erfahrungen sind in sein Buch *Die Blaue Grotte* eingeflossen.

Nach Süditalien ist der Autor seitdem wiederholt zurückgekehrt, da dort der Großteil der Dreharbeiten zu *Ein Strand für meine Träume* stattfand.

Sein großes Interesse am Ozean und sein Anliegen, die Wale zu schützen, machten ihn zum idealen Kandidaten für den Posten des Vizepräsidenten der ökologischen Organisation »Mundo Azul« (Blaue Welt). Seither bereist Sergio Bambaren im Auftrag dieser Organisation die verschiedensten Länder mit dem Ziel, die Ozeane und ihre Lebewesen zu erhalten. In Zusammenarbeit mit »Dolphin Aid« setzt er sich mit Therapieformen auseinander, bei denen der Kontakt von behinderten Kindern zu Delfinen für bessere Heilungschancen sorgen soll.

Im Frühjahr 2008 wurde Sergio Bambaren zum ersten Mal Vater. Heute lebt er wieder in seiner Heimatstadt Lima, Peru, von wo aus er nach wie vor häufig zum Wellenreiten geht – umringt von Delfinen mit den Wellen eine Einheit zu bilden gibt ihm die Inspiration und Energie, weiterhin für all diejenigen zu schreiben, die wie er irgendwann in ihrem Leben beschlossen haben, nach dem Motto zu leben: »Lass dich nicht von deinen Ängsten daran hindern, deine Träume zu verwirklichen!«.